JN328128

和の色のものがたり

季節と暮らす３６５色

視覚デザイン研究所

もくじ

春の色

ピンと張りつめた寒さを春の色が少しずつ緩めてくれます　8

寒い季節だけれど気持ちは春の萌黄色　10

紅梅は濃いも薄いも美しい　12

かさねの色目は配色で表現する季節の着こなし　14

春の気分を盛り上げる桃の花の色　16

柳の緑が川面に映えて光っています　18

花見の梅が桜になったのは平安時代　20

蒲萄《えび》色は桜をひきたてます　22

江戸の庶民は着飾ってはお花見へ　24

春の陽射しは麗《うら》らかな色　26

最愛の女性は山吹の濃い黄色に彩られていた　28

春のラストは艶やかな藤色、牡丹色　30

春を装うかさねの色目　32

夏の色

清々しい空気の透明感が夏の色に近づいていきます　36

伝統の賀茂祭は葵の葉の色が印象的です　38

大輪揺れる百合の白　可憐な卯の花の白　40

苔の色が濃く鮮やかな初夏　42

日に照らされてまぶしい新緑の青　44

梅雨時に色めく紫陽花のグラデーション　46

涼やかな色は浅葱色　48

二十四節気《にじゅうよんせっき》　七十二候《ななじゅうにこう》
五節句《ごせっく》　雑節《ざっせつ》

- 立春　りっしゅん　8
- 節分　せつぶん　8
- 東風解氷　はるかぜこおりをとく　9
- 黄鶯睍睆　うぐいすなく　10
- 魚上氷　うおこおりをいずる　11
- 雨水　うすい　12
- 土脉潤起　つちのしょううるおいおこる　12
- 霞始靆　かすみはじめてたなびく　14
- 草木萌動　そうもくめばえいずる　14
- 啓蟄　けいちつ　16
- 蟄虫啓戸　すごもりむしとをひらく　16
- 上巳の節句　じょうしのせっく　17
- 桃始笑　ももはじめてさく　18
- 菜虫化蝶　なむしちょうとなる　19
- 春分　しゅんぶん　20
- 雀始巣　すずめはじめてすくう　20
- 彼岸(春)　ひがん　21
- 桜始開　さくらはじめてひらく　22
- 雷乃発声　かみなりすなわちこえをはっす　23
- 清明　せいめい　24
- 玄鳥至　つばめきたる　24
- 鴻雁北　こうがんかえる　26
- 虹始見　にじはじめてあらわる　27
- 穀雨　こくう　29
- 葭始生　あしはじめてしょうず　29
- 霜止出苗　しもやんでなえいずる　30
- 八十八夜　はちじゅうはちや　31
- 牡丹華　ぼたんはなさく　31
- 立夏　りっか　36
- 端午の節句　たんごのせっく　36
- 蛙始鳴　かわずはじめてなく　37
- 蚯蚓出　みみずいずる　38
- 竹笋生　たけのこしょうず　38
- 小満　しょうまん　40

秋の色

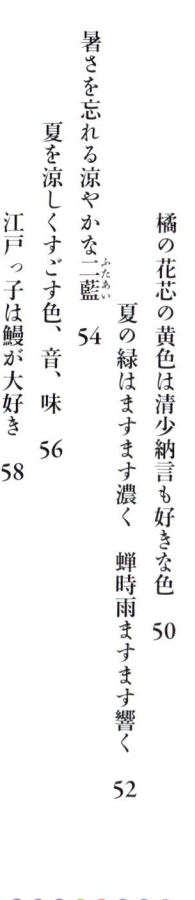

冬の色

静まりかえった季節にぽつりと残された冬の色は美しい　92
- ぽっとり落ち椿の描く色模様　94
- 渓流を背にカワセミの翡翠色の輝き　96
- 自然の造形の中に無機的な線のコントラスト　98
- 鉛色の空をバックに舞う真白い雪　100

積もり積もった煤の色は一年間の時の色　102
- 柚、福寿草、臘梅の黄色は春の先ぶれ　104
- 大晦日闇夜ふるわす除夜の鐘　神も仏も年末年始　106
- 新しい年は初日の出の朱で明けます　108

みんな揃って年をとるお正月　110
- 色のない色を求めて枯野見物にでかけます　112
- 点、点、点と赤の実が寒さの中で目をひきます　114

冬を装うかさねの色目　116

旧暦の成り立ち　118
旧暦と暮らす　120
月の満ち欠けと暮らす　124
索引　126
参考文献　127

- 彼岸（秋）　ひがん　76
- 雷乃収声　かみなり すなわち こえを おさむ　77
- 蟄虫培戸　むし かくれて とを ふさぐ　78
- 水始涸　みず はじめて かる　78
- 寒露　かんろ　80
- 鴻雁来　こうがん きたる　81
- 菊花開　きくのはな ひらく　82
- 蟋蟀在戸　きりぎりす とに あり　83
- 霜降　そうこう　84
- 霜始降　しも はじめて ふる　85
- 霎時施　こさめ ときどき ふる　86
- 楓蔦黄　もみじつた きばむ　87
- 立冬　りっとう　92
- 山茶始開　つばき はじめて ひらく　93
- 地始凍　ち はじめて こおる　94
- 金盞香　きんせんか さく　95
- 小雪　しょうせつ　97
- 虹蔵不見　にじ かくれて みえず　97
- 朔風払葉　きたかぜ このはを はらう　98
- 橘始黄　たちばな はじめて きばむ　99
- 大雪　たいせつ　100
- 閉塞成冬　そらさむく ふゆと なる　100
- 熊蟄穴　くま あなに こもる　102
- 鱖魚群　さけのうお むらがる　102
- 冬至　とうじ　104
- 乃東生　なつかれくさ しょうず　105
- 麋角解　さわしかの つの おつる　106
- 雪下出麦　ゆきわたりて むぎ いずる　107
- 人日の節句　じんじつのせっく　108
- 小寒　しょうかん　108
- 芹乃栄　せり すなわち さかう　108
- 水泉動　しみず あたたかを ふくむ　110
- 雉始鳴　きじ はじめて なく　111
- 大寒　だいかん　112
- 款冬華　ふきの はなさく　113
- 水沢腹堅　さわみず こおり つめる　114
- 鶏始乳　にわとり はじめて とやに つく　115

和の色のものがたり

季節と暮らす365色

視覚デザイン研究所

春

立《りっ》春《しゅん》

第1候　東風《はるかぜ》解氷《こおりをとく》　2月4日〜8日頃

第2候　黄鶯睍睆《うぐいすなく》　2月9日〜13日頃

第3候　魚《うお》上氷《こおりをいずる》　2月14日〜18日頃

雨《う》水《すい》

第4候　土脉《つちのしょう》潤《うるおい》起《おこる》　2月19日〜23日頃

第5候　霞《かすみ》始《はじめて》靆《たなびく》　2月24日〜28日頃

第6候　草木《そうもく》萌《めばえ》動《いずる》　3月1日〜5日頃

啓《けい》蟄《ちつ》

第7候　蟄虫《すごもりむし》啓戸《とをひらく》　3月6日〜10日頃

第8候　桃《もも》始《はじめて》笑《さく》　3月11日〜15日頃

第9候　菜虫《なむし》化蝶《ちょうとなる》　3月16日〜20日頃

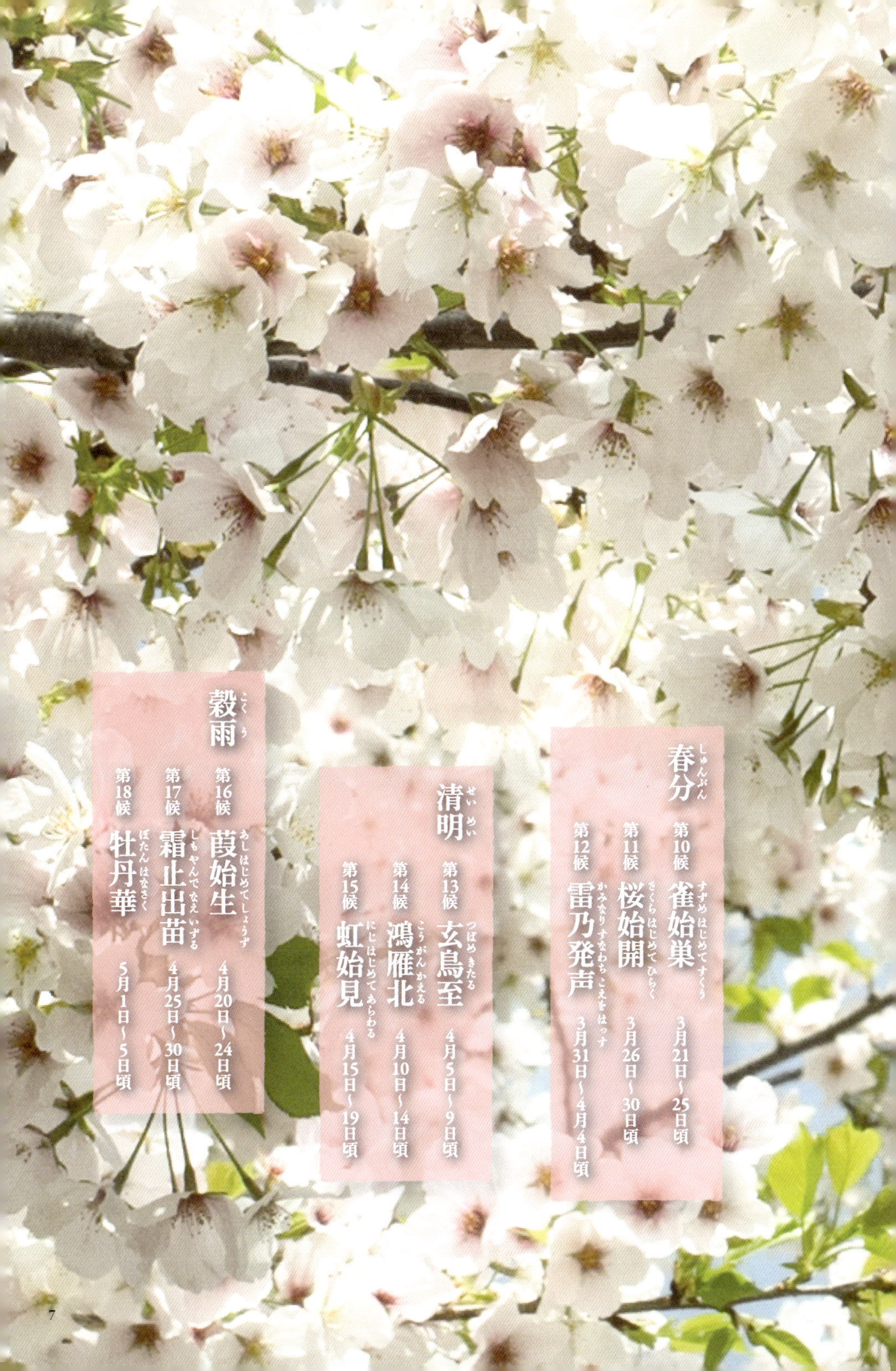

春《しゅん》分《ぶん》

第10候　雀《すずめ》始《はじめて》巣《すくう》　3月21日～25日頃

第11候　桜《さくら》始《はじめて》開《ひらく》　3月26日～30日頃

第12候　雷《かみなり》乃《すなわち》発声《こえをはっす》　3月31日～4月4日頃

清《せい》明《めい》

第13候　玄鳥《つばめ》至《きたる》　4月5日～9日頃

第14候　鴻雁《こうがん》北《かえる》　4月10日～14日頃

第15候　虹《にじ》始《はじめて》見《あらわる》　4月15日～19日頃

穀《こく》雨《う》

第16候　葭《あし》始《はじめて》生《しょうず》　4月20日～24日頃

第17候　霜止出苗《しもやんでなえいずる》　4月25日～30日頃

第18候　牡丹《ぼたん》華《はなさく》　5月1日～5日頃

春の色

ピンと張りつめた寒さを春の色が少しずつ緩めてくれます

白梅色《しらうめいろ》

ほんのりと紅みを帯びた白梅の花の色。

C0 M10 Y0 K5

薄梅鼠《うすうめねず》

梅鼠より明るい灰色。梅にちなんだ色名は江戸の人々に親しまれました。

C0 M10 Y5 K15

春をいつからと考えましょう

立春は春の始まりの日であり、旧暦の新年の始まりでもあります。まだまだ寒い日はつづき、名前だけの春なのですが、梅の花や樹木の蕾が膨らみが景色を色づけ始めています。春は、もう、すぐそこです。そんな時期をみごとに表した季語に「春隣《はるとなり》」があります。

梅一輪　一輪ほどの　暖かさ

と詠んだのは服部嵐雪(芭蕉の高弟)。立春の朝、禅寺では「立春大吉」のお札を貼ります。この文字は左右対称で、縁起がよく、厄除のおま

梅紫《うめむらさき》

明治時代に生まれた色。古代の優雅さを連想させます。『正倉院文書』に記された滅紅（めっこう）と同色。

C0 M60 Y0 K40

その年の恵方を向いて
願い事をしながら
食べる。
切らずにパクつくのは
「縁を切らない」という
意味。

日本の季節を彩る二十四節気と七十二候

日付は2015年

二十四

立春《りっしゅん》

2月4日

旧暦のお正月。二十四節気の最初の節気です。中華圏では立春を「春節」といい、新暦の元日よりも盛大に祝います。

雑節

節分《せつぶん》

2月3日

節分は季節の節目、季節が変わる日です。現在では、立春の前の日ですが、本来、立春、立夏、立秋、立冬の前日に4回あります。恵方巻きを食べる日でもあります。

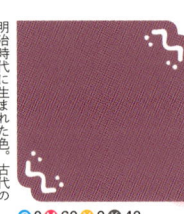

梅鼠《うめねず》

梅の花を思わせる紅赤がかった灰色。古来より梅の産地だった豊後（大分県）にかけて豊後鼠とも。

C0 M20 Y10 K30

白梅鼠《しらうめねず》

白梅を思わせる微かに紅みのある淡い灰色。

C0 M5 Y1 K10

じないになるとか。

前日の2月3日は節分。季節の分かれ目の日です。

道真が愛した梅の花

東風吹かば
匂ひおこせよ　梅の花
主なしとて　春な忘れそ

平安時代、まだ学問の神さまになる前の菅原道真は、周囲の策謀により京都から九州の太宰府に左遷させられ、厳しい生活を強いられます。この歌は、旅立ちの前日、自宅（紅梅殿《こうばいどの》と呼ばれていた）の梅の木の前で詠んだものです。この後、梅は、道真を追って一晩で太宰府に飛んでいき（飛梅伝説）、根をおろし、千年を越えた今も春になると白い花を咲かせます。でも、飛んでいった梅は紅梅だったとか。

「福を巻き込む」
恵方巻きは七福神に
あやかって7つの具が入ってる

才能が
ありすぎるのも
大変ですネ…
まあネ
近年流行の
倍返しってヤツ
やっといたから
菅原道真

鬼を追い払う豆まきのルーツは、平安時代の邪気を祓う宮中行事「追儺《ついな》」の中の豆打ち。季節の隙間の節分は邪気が入りやすいので、それを祓うために行います。

鬼の色には諸説あります。

赤鬼は「全ての悪い心」、青鬼は「怒りや貧相」、緑鬼は「不摂生」を表します。

柊の枝に鰯の
頭をさして
戸口にさしかける

くさいの
いたいの
ニガテなの～

七十二　東風解氷《はるかぜこおりをとく》

2月4日～8日頃

春風が吹いて小川にはった氷が解けだす頃。陰陽五行説で春は東の方向とされ、古来、立春には東風《こち》（春風）が吹くと考えられています。

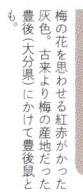

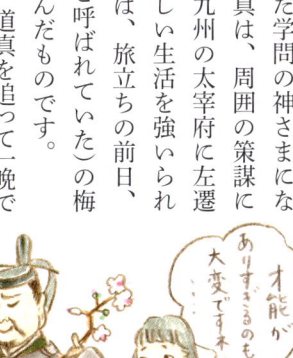

寒い季節だけれど 気持ちは春の萌黄色

萌黄《もえぎ》色《いろ》

萌黄、萌木は春の萌え出る若葉の色。黄緑系を代表する平安時代からの色。平安末期には「萌葱」ともいわれ、青ネギの濃い緑に由来する青色を指します。見本色の黄緑を「萌黄」と表し、青や濃い緑は「萌葱」とするのが自然です。

C50 M0 Y100 K10

若《わか》草《くさ》色《いろ》

濁りの少ない緑みの強い色。芽吹いた草が野山を覆い、春の訪れを感じさせる色。

C38 M0 Y100 K5

旧暦2月の呼び名は如月。語源には、暦では春だけれど、まだまだ寒く、着物を重ねる「着更着」、気候が暖かくなってくる「気更来」、草木が芽吹いてくることを表す「生更木」などの説があります。如月の和菓子といえば、端をつまんで鶯に見立てた「うぐいす餅」です。青大豆からできたうぐいす粉をまぶした求肥で餡を包んだお菓子の柔らかな萌黄色は春の訪れをいち早く感じさせてくれます。

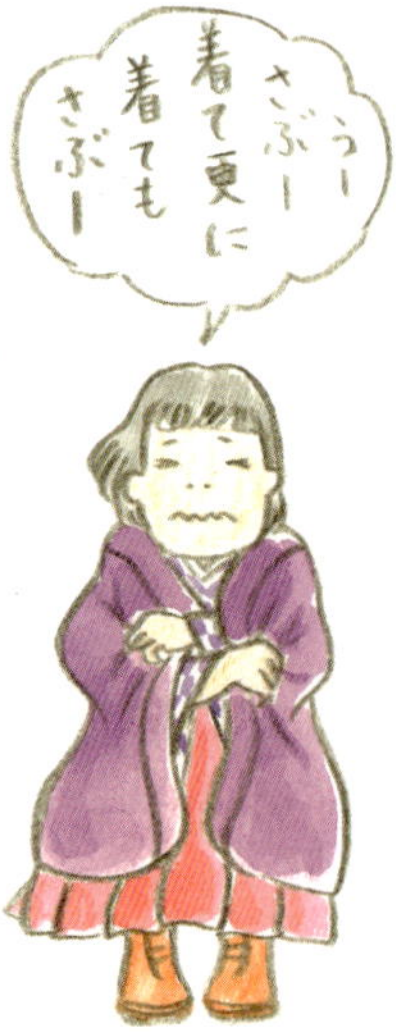

うー
さぶー
着て更に
着ても
さぶー

新芽も
まだ
固い

うぐいす餅
両端をキュッと絞って鶯の形を表現。

七十二候

黄鶯睍睆《うぐいすなく》

2月9日～13日頃

貞享暦（渋川春海によって編纂された初めての日本独自の暦。1685～1755に使われた）では、この時期は「梅花乃《うめのはな》芳《かんばし》」と呼ばれました。

梅に鶯は、春の訪れを告げるもの。この組み合わせは万葉の時代から現代まで続いています。ちなみに梅の別名は春告げ草、鶯は春告げ鳥です。

梅の枝々を飛び回る鳥はたいてい目白で、鶯ではありません。目白は羽の色が鶯色に近く、人目を気にせず、梅の花の蜜を吸

どっちがウグイスなの?
ウグイス
メジロ

鶯色ですが、これはメジロ。

鶯色《うぐいすいろ》

鶯の羽のような色。江戸時代からの色名。

C23 M0 Y90 K50

陰萌黄《かげもえぎ》

落ち着きのある黄緑。江戸時代の『貞丈雑記』には木賊色（とくさいろ）に近いと記されています。

C35 M0 Y70 K50

初午《はつうま》は豊作祈願のお祭り

立春を過ぎた2月最初の午の日、全国のお稲荷さんは豊作や商売繁盛を祈願するお祭りの初午で賑わいます。

この日は、全国の稲荷社の本社である京都の伏見稲荷に神さまが降りた日だからです。

お稲荷さんの稲荷は稲生《いねなり》が縮まったもの。稲という字を見てもわかるように田（稲）の神さまです。それがお狐さまの商売繁盛の神さまになったのは江戸時代からです。

油揚げを甘く煮て寿司にした稲荷寿司は、江戸時代天保の大飢饉のとき、愛知県豊川稲荷の門前が発祥といわれています。寿司の形も関東は俵型、関西は三角と違います。

江戸のおいなりさん
たわら型
長方形のおあげを半分に切って使う

関西のおいなりさん
三角です
四角いおあげをナナメに切って使う

うために花々を飛び回っています。

鶯は色も地味で人前にはほとんど姿を見せません。

七十二

魚上氷《うおこおりをいずる》

2月14日〜18日頃

湖や小川の氷が暖かさで割れ、それまで水の底にじっとしていた魚が水面近くまで上がってくる頃。

氷下魚《こまい》は、一夜干しのものを軽く炙っていただけば、おいしい酒の肴。氷下魚はアイヌ語で「小さな音の出る魚」という意味。漢字は氷を割って漁をしたからです。

紅梅は濃いも薄いも美しい

紅梅色《こうばいいろ》

紅梅の花のような色。

C0 M70 Y35 K3

莟紅梅《つぼみこうばい》

莟の色は花の色よりひときわ濃く鮮やか。紅梅の小さな莟は早春の景色の鮮やかなアクセント。

C0 M85 Y43 K0

梅は古くから愛され続けています。梅の実は梅干、梅酢、梅酒、甘露梅、梅羊羹となり、樹は床柱や彫刻、皮は梅皮として染料の定番色になるなど、私たちの生活を豊かにしています。

梅は、奈良時代には中国から輸入されていましたが、一般化するのは平安時代からです。

『枕草子』(三七段)では「いとめでたきもの」として

木の花は　こきもうすきも紅梅

とあげています。

紅梅の花の色の紅梅色には、紅花染の濃さにより、濃紅梅《こきこうばい》、中《なか》紅梅《こうばい》、淡紅梅《うすこうばい》などのバリエーションがあります。

文学で「紅梅」といえば中紅梅を

梅染《うめぞめ》

梅谷(屋)渋(うめやしぶ)で染めた色。浅く染めたものは「赤梅」、濃く染めたものは「黒梅」。江戸時代、梅谷渋で染めた狩衣などの生地を木蘭地(もくらんじ)といいました。

C0 M38 Y50 K25

赤梅《あかうめ》

C0 M40 Y40 K35

二十四

雨水《うすい》

2月19日

冷たい雪はもう降らず、雨に変わる頃。

草木が芽をだす準備を始め、春《しゅん》寒《かん》も、ようやくゆるむ頃です。

この頃の降ったり止んだりの気まぐれな春時雨は、草花にとっては大切な雨。甘雨《かんう》、慈雨《じう》などとも呼びます。

七十二

土脉潤起《つちのしょううるおいおこる》

2月19日～23日頃

冬の間に冷たく固まった土を潤わせる頃。

暖かい雨が大地に降り注ぎ、草木が芽吹く支度を始めます。

獺祭魚《だっさいぎょ》

古くは土脉潤起のかわりに獺祭魚と呼ばれました。獺《かわうそ》が捕った魚を並べている様子が、ご先祖にお供えをして祭りをしているようにみえたことに由来します。更に、

薄紅梅《うすこうばい》

紅梅色の薄い色。平安朝以来の伝統色。

C 0 M 47 Y 24 K 0

襲の色目の梅重

梅重《うめがさね》

紅梅が重なり、より濃く見える色。

C 0 M 80 Y 40 K 0

指しました。

梅の名所といえば、水戸の偕楽園、京都の北野天満宮、福岡の太宰府天満宮と、誰でも一度は行ってみたい所です。

平安貴族のおしゃれは季節の先取り

貴族にとって季節に合った色を着飾ることは、おしゃれなことはもとよりインテリの証でもありました。平安貴族の愛でた色は数多くありますが、梅とつく襲色《かさねいろ》は、春を待ちこがれる冬からの色です。

襲とは衣服を重ね着たときの色の組み合わせの種類です。日本人が季節の移り変わりを感じ取って生み出した配色です。

詳しくはP32参照。

古い本には
いいこといっぱい
書いてあるのヨ
知識が
広いってことですネー

一重梅《ひとえうめ》

明るい紅梅色で薄紅梅より濃い色。

C 0 M 50 Y 25 K 0

書物を獺のようにたくさん広げて詩作にはげむ唐の詩人「李商隠《りしょういん》」を「獺祭魚」と称したことから、多くの参考書を周囲に広げる様子をいいます。

梅花祭《ばいかさい》 2月25日

菅原道真をお祀りする北野天満宮で菅原道真の命日に行われる祭り。神職らは冠に菜の花をつけます。昔は菜種が「なだめる」に通じるところから菜種御供《なたねのごく》といわれていたからです。

お祭の名前は
梅だけど
つけるお花は
菜の花

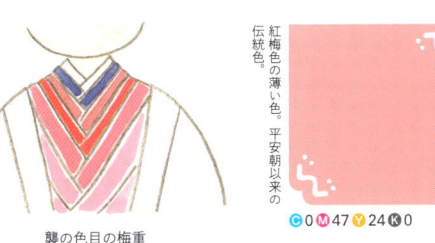

かさねの色目は配色《いろめ》で表現する季節の着こなし

重《かさね》の色目《いろめ》とは、平安時代から貴族の衣装に使われた配色のこと。「重色」と表記した場合は、衣の表と裏の配色。「襲色」と表記した場合は十二単など女房装束の重ね着の配色。紛らわしいので表記を分けています。色名は伝承の家によってことなり、多様です。

莟《つぼみ》紅《こう》梅《ばい》 ㊛

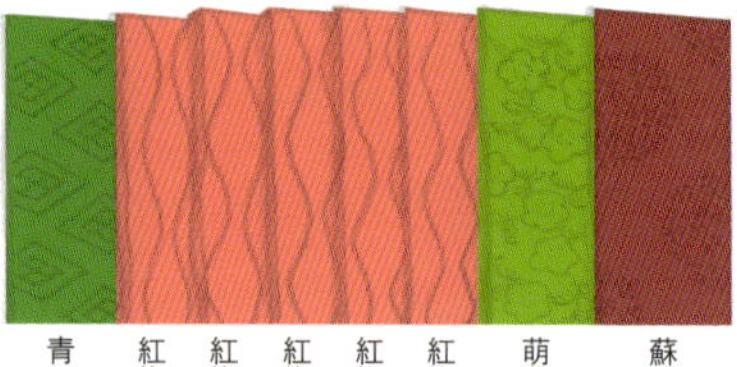

小袿《こうちき》	表着《うわぎ》	五《いつ》つ衣《ぎぬ》					単《ひとえ》
蘇芳	萌黄	紅梅	紅梅	紅梅	紅梅	紅梅	青

P32参照。

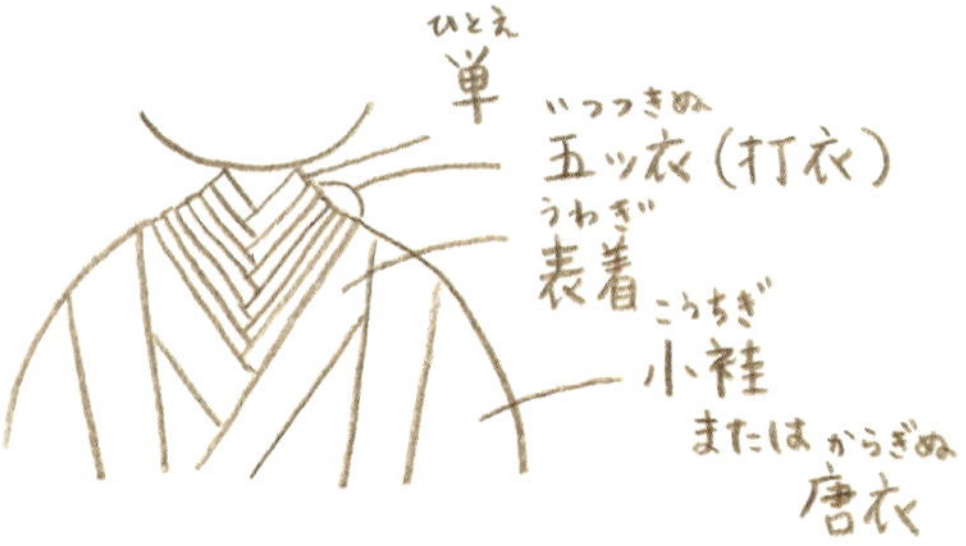
単《ひとえ》
五ツ衣《いつつきぬ》(打衣)
表着《うわぎ》
小袿《こうちぎ》
または唐衣《からぎぬ》

襲色目
いわゆる十二単という
女房装束の重ね着の色

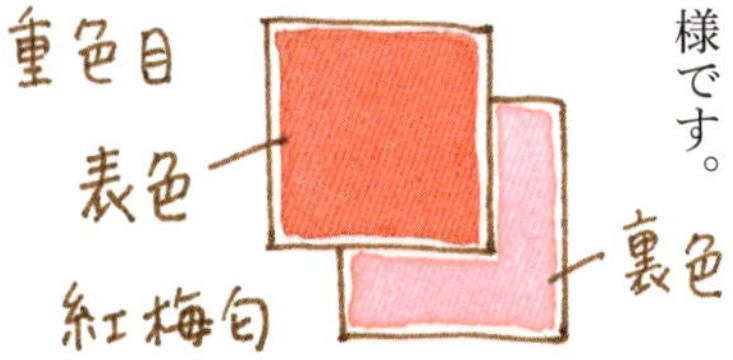
重色目
表色
裏色
紅梅匂

七十二 霞始靆《かすみはじめてたなびく》

2月24日〜28日頃

大気中に水蒸気が増え野山にぼんやりと霞がかかる頃。「霞たなびく」は春の季語。霞を食べているのは仙人。夜になって月をかくすのは月へんに龍と書いて朧《おぼろ》です。

月をかくす
龍が
朧《おぼろ》です

七十二 草木萌動《そうもくめばえいずる》

3月1日〜5日頃

草木が春の空気を充分吸って芽を出し始める頃。枯れ草色で覆われた地面の下から新しい芽が出てくると、地面が明

紅《くれない》匂《におい》の衣《きぬ》 ㊛

P117参照。

単《ひとえ》	五《いつ》つ衣《ぎぬ》					表着《うわぎ》	小袿《こうちき》
紅梅	淡紅より淡く	淡紅	紅	紅	紅	萌黄	赤

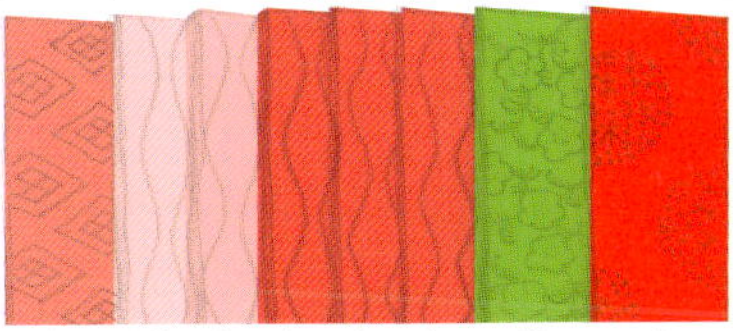

配色手法の名前

匂《にお》い…同系色のグラデーション

薄《うす》様《よう》…同系色のグラデーションで白に至る

村《むら》濃《ご》…所々に濃淡。村＝斑

単《ひとえ》襲《かさね》…下色が透けて重色となる。単は裏地がないので透過する。

裏《うら》陪《まさり》…裏地の方が濃い

捩《もぢ》り…裏色を表にする。例：捩り紅葉

あらもう3月も近いのに
紅の上に紅梅を重ねる
なんて
ダサイわネ
萌黄色に
すればバッチリなのに
いつもからくちの
清少納言さん。
季節感のある
着こなしが
大切なんですよね。

裏《うら》陪《まさり》紅《こう》梅《ばい》 ㊛

P32参照。

単《ひとえ》	五《いつ》つ衣《ぎぬ》					表着《うわぎ》	小袿《こうちき》
濃紅梅	紅梅	紅梅	紅梅	紅梅	紅梅	萌黄	赤

るい緑色にぬり変わるのも時間の問題です。

この頃の季語「下萌」は「下燃え」という片想いの恋心の意味をもたされたりもします。

くるしさや　恋の下萌　ほの緑

子規

ぜったい
言えない
モン
あのヒトに
下燃えですか
ムリムリ

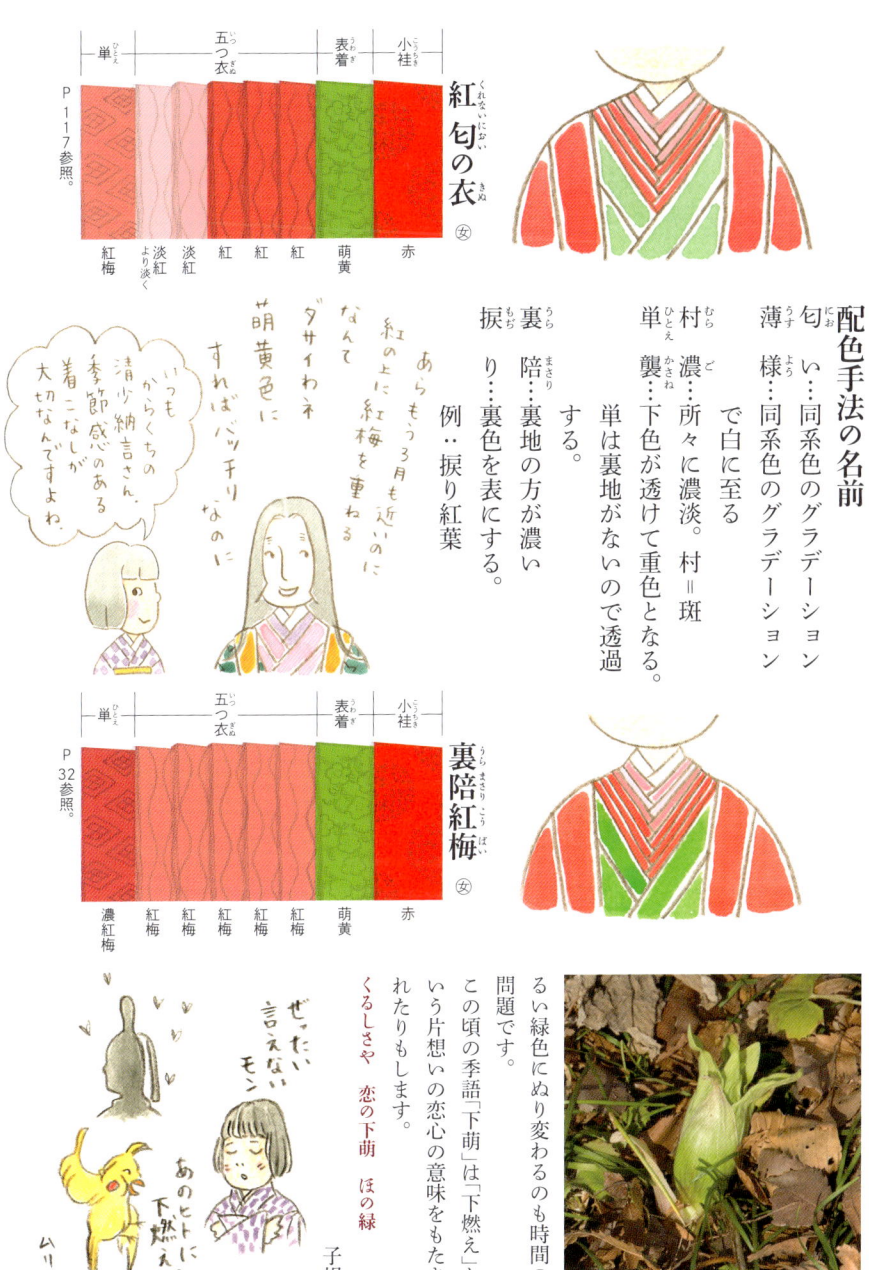

春の気分を盛り上げる桃の花の色

桃《もも》色《いろ》

桃の花のような色。

C0 M40 Y10 K0

桃《とう》紅《こう》色《しょく》

桃色に比べ、紅が強く、華やかさが増した色。

C0 M60 Y23 K0

「桃色」という色名は桃山時代直前の室町時代から。桃は中国から伝わり邪気を祓う力があるとされました。花の品格は桃よりも桜や梅を上位とする見方がありました。奈良時代、都を守る兵士の衛士《えじ》は桃染の衣を着ていたといいます。桃花褐《つきそめ》の「褐」は粗布のこと。

桃の節句に桃はまだない

3月3日はまだ庭の桃は咲いていないと思います。旧暦3月3日は今の暦の3月下旬から4月上旬にあたるので当然です。桃の節句はかつては上巳《じょうし／じょうみ》の節句と呼ばれました。女の子のお祭りとして飾るお雛様も昔は人形に厄をたくし、川に流して邪気を祓うためのもの

桃《もも》染《そめ》

桃色に比べ、少しくすみがあります。

C0 M40 Y30 K7

風流子宝合　大からくり（部分）　喜多川歌麿　江戸時代　くもん子ども研究所

似《にせ》桃《もも》色《いろ》

紅花は高価すぎるので、蘇芳で染めた代用の桃色。

C0 M40 Y15 K5

二十四

啓《けい》蟄《ちつ》

3月6日

春の暖かさにさそわれ、土の中の虫が動き出す頃。この頃になる雷を「虫出しの雷《いかづち》」といいます。

七十二

蟄《すごもり》虫《むし》啓戸《とをひらく》

3月6日～10日頃

動物たちが目をさまし姿を現す頃。虫は、古代中国では動物のことでした。冬眠から目をさました熊は最初にフキノトウを食べるといいます。

ずいぶんボリューミーな髪ネ
これは江戸になってからなのヨ
マリーアントワネットもボリューミーがお好き

長春《ちょうしゅん》色《いろ》

長春とは四季を通して花が咲いていることです。四季咲きの薔薇「庚申薔薇（こうしんばら）」の漢名。京都の北野天満宮や日光東照宮の装飾にも長春の花が見られます。

C 0 M 65 Y 33 K 10

でした。源氏物語（須磨の帖）にも、お祓いをした人形を船にのせて流すシーンがあります。

こっちでいい?
いいわよ。
どーぞ
こっちかナ
明治時代から欧米文化に合わせてお内裏様は右（向かって左）お姫様は左に（向かって右）
関東雛
京雛

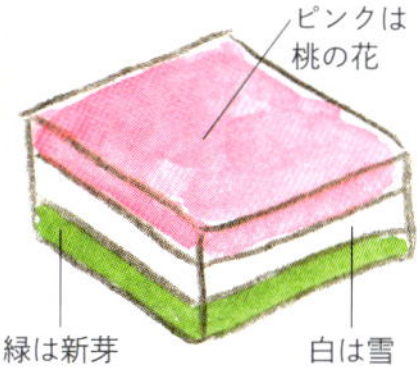
ピンクは桃の花
緑は新芽
白は雪

山菜の苦みが体の代謝を上げ、胃や肝臓の働きを活発にするのだそうです。

フキノトウって
ちょっと
にがいとこうが
ウマいんだなァ

五節句《ごせっく》

1月7日人日《じんじつ》の節句、3月3日上巳《じょうし》の節句、5月5日端午の節句、7月7日七夕《しちせき／たなばた》の節句、9月9日重陽《ちょうよう》の節句。季節の節目となる日を雑節《ざっせつ》といいます。節分、彼岸、八十八夜、二百十日など。雑節→P120参照。

五節句

上巳《じょうし》の節句《せっく》　3月3日

桃の節句、雛祭り（上段参照）。

柳の緑が川面に映えて光っています

柳色《やなぎいろ》

柳の葉のような穏やかな色。

C19 M0 Y75 K30

柳の表葉と裏葉

柳色は桜色とともに日本の春を代表する色です。柳のつく色名は十四色あり、愛されたことがわかります。

見渡せば　柳桜をこきまぜて
都ぞ春の　錦なりける

『古今和歌集』

春の京の景色を詠んだ素性法師《そせいほうし》の歌です。

あおやぎの　いとよりかくる春しもぞ
みだれて花の　ほころびにける

『古今和歌集』

春の風にそよぐ柳を糸にたとえ、咲き乱れる花を「ほころぶ」で表し、ほころびを縫う糸とかけてあります。

三月三日は、うらうらとのどかに照りたる。桃の花のいま

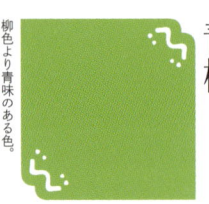

柳に白鷺図屏風（部分）　鈴木其一　江戸時代　エツコ&ジョー・プライスコレクション

青柳《あおやぎ》

柳色より青味のある色。

C43 M0 Y85 K12

ゲンペイモモ

七十二　桃始笑《ももはじめてさく》

3月11日～15日頃

桃の花のつぼみが一つ二つと咲き始める頃。

古くは花が咲くことを笑うといいました。お茶の席で使うお花はあまり笑いすぎないもの、つぼみが少し開いたくらいがよいとされます。新芽が芽吹き、萌えだした春の山の様子を表した「山(が)笑う」は春の季語になっています。

桃がわらうって
いい言葉ネ

故郷や　どちらを見ても　山笑う

正岡子規

柳《りゅう》緑《りょく》

青柳よりさらに青みの強い、緑色に近い色。

Ⓒ50 Ⓜ0 Ⓨ100 Ⓚ20

裏《うら》柳《やなぎ》

柳の葉裏のような色。灰色がかった柳色。

Ⓒ4 Ⓜ0 Ⓨ40 Ⓚ30

柳《やなぎ》鼠《ねず》

穏やかな柳色をくすませると更に穏やかで控えめな色に。

Ⓒ6 Ⓜ0 Ⓨ25 Ⓚ50

さきはじむる。柳などをかしきこそさらなれ、それもまだまゆにこもりたるはをかし。ひろごりたるはうたてぞみゆる。

『枕草子』第四段

桃の花も
咲きはじめ
柳もいい具合に
なってきて
あんまりぱーっと
広がりすぎないうちが
見ごろよネ。

十六《じゅうろく》団子《だんご》の日　3月16日

春になり、山から種子を持って里におりてくる田の神を十六個のお団子をお供えして迎えます。その役目をはたす女性が早乙女です。秋になり山へ帰るときも十六個のお団子をつくります。

薄《うす》柳《やなぎ》

春の柳を遠くから見ると明るい光をうけて眩しい。明るい黄緑なのになぜか凶色でもあるといいます。

Ⓒ13 Ⓜ0 Ⓨ40 Ⓚ5

七十二

菜虫化蝶《なむしちょうとなる》

3月16日〜20日頃

葉っぱの青虫がさなぎを経て蝶に変身して飛ぶ頃。

モンシロチョウに菜の花、春を感じる風景です。かつては、学校の行き帰りによく見かけたものでした。蝶はかわいいけれど蛾は気持ちが悪いと思っている人、多くありませんか。蝶と蛾は大差なく、フランスやドイツなどでは同じ言葉で表しているそうです。

こういうのがちょうちょ
こういうのが蛾です

花見の梅が桜になったのは平安時代

桜《さくら》色《いろ》

紅染で、もっとも淡い色。平安時代に現れた色名。

C0 M10 Y3 K3

薄《うす》桜《ざくら》

もっとも薄い紅染の色とされる桜色よりもさらに薄い色。

C0 M5 Y1 K2

日本全国が桜に浮かれるお花見の季節ですが、奈良時代の花見は梅でした。『万葉集(783年頃)』には梅の歌が桜の歌の2倍以上ありますが『古今和歌集(905年)』では逆転。平安時代には、花といえば桜を指すようになりました。この間に御所の紫宸殿正面に右近橘と一対の左近梅は、桜に植え替えられ、まさに花の座を桜に奪われたのです。

老若男女が楽しく時間を過ごすお花見の発祥は古代の「歌垣《うたがき》」にまでさかのぼります。

淡い紅色のものには桜の文字のつくものが多いです。桜鯛とは桜の咲く頃、桜色に染まる真鯛のことです。

二十四

春分《しゅんぶん》

3月21日

太陽が真東からのぼり真西に沈むため昼と夜の時間が同じになる日。春を実感できる頃です。日ごとに暖かくなり、コートを着る気分ではありません。でも花冷えという言葉もあるように、桜が咲く頃、急に寒気がやって来て、何を着たらいいのか困ることもよくあります。

七十二

雀《すずめ》始《はじめて》巣《すくう》

3月21日〜25日頃

雀が葉っぱや小枝を集めて巣づくりを始める頃。

雀色は雀の頭や羽のような色ですが、「いざ、羽の色がどんな色か表そうと思うとぼんやりしてくる」と柳田国男もいっています。

その曖昧感のためか夕暮れは「雀《すずめ》色時《いろどき》」ともいいます。

歌垣《うたがき》

古代日本では春秋のある日、場所を定めて、若い男女が出かけて食事をしながら求愛の歌をかわし、ペアになるという行事＝歌垣がありました。一人の女性を巡って歌で決着をつけることもあったそうです。

灰桜《はいざくら》

上品で穏やかな色。

C 0 M 10 Y 3 K 20

合コン
ですね
踏歌という
ダンスも
あったそう
です

樺桜《かばざくら》

「紅こうじ、紅鬱金という」とも「薄紅の黄ばみたる」ともされる。

C 0 M 60 Y 67 K 0

桜鼠《さくらねず》

日本人が好きな桜色と江戸好みの鼠色を合わせた色。

C 0 M 15 Y 4 K 30

春一番《はるいちばん》

立春から春分の間に吹く、その年初めての強い南風のこと。主に太平洋側で観測されます。同じ頃に吹く西風の「涅槃西風《ねはんにし》」は春の季語。西方浄土から現世へと吹くお彼岸の頃の風。寒さが一瞬戻ります。

雑節

彼岸《ひがん》（春）

3月18日〜24日

お彼岸につくる餅米を小豆のあんでくるんだお菓子。春は牡丹にちなんでぼたもち、秋は萩にちなんでおはぎといいます。小豆色は小豆の実のような深く渋い赤です。

ぼたもちはこしあん、お萩は新豆の粒あんという説もあります。

葡萄《えび》色《いろ》は桜をひきたてます

京都鴨川沿いに咲く桜。

源氏物語「花宴」で桜花の宴に招かれた光源氏のコーディネイト。桜の唐の綺の御《お》直衣《なほし》、葡萄《えび》染《ぞめ》の下襲《したがさね》、裾《しり》いと長く引きてとあり淡い桜色の衣裳を葡萄染のパンツに合わせて登場します。葡萄と書いて、かつて「えび」と読みました。ヤマブドウは古名では葡萄《えび》葛《かずら》といわれました。葡萄色が「ぶどういろ」と呼ばれるようになるのは江戸時代中頃からです。

葡萄《えび》染は貴族でもあこがれの色

『枕草子』にも葡萄染の言葉が多く使われています。

枯れたる葵。ひひなあそびの調度。

織《おり》葡萄《えび》

経糸を赤色、緯糸を紫色で織った葡萄色の織物の色。葡萄色を連想させる暗い紅になる。

C20 M80 Y0 K50

直垂　江戸時代　徳川美術館

直垂(ひたたれ)は平安時代までは庶民の仕事着でしたが室町時代以降は武士の礼服となりました。

七十二

桜始開 さくらはじめてひらく

3月26日〜30日頃

春の代名詞桜の花が咲き始める頃。桜は咲くと1週間程で散る短命な花。でも南北に長い日本では南から咲き始め、北海道に至るまで一か月以上もかけて咲くので、長い間楽しめる花でもあります。花の色もまた、白、淡紅色、濃い桃色、淡い黄緑色などなどバリエーションも豊かです。

蒲萄《えび》色《いろ》

平安時代中期に編まれた『延喜式』の葡萄色は見本色の淡い紫で、古代の「浅葡萄」に近い。

C0 M20 Y0 K20

山葡萄（ヤマブドウ）の熟した実のような色。今日では葡萄色（えびいろ）といえば見本色のような深葡萄（こきえび）を指します。

C20 M80 Y0 K60

二藍・葡萄染などのさいでの、おしへされて草子の中などにありける、見つけたる

『枕草子』三十段

昔を恋しく思わせるものに栞のように本に挟まれていた葡萄色の布の切れ端を見つけたときをあげています。

葡萄染の織物の指貫を着たれば、「重雅は色ゆるされにけり」など、山の井の大納言わらひ給ふ

『枕草子』二七八段

葡萄染の指貫を着ているのを見て官位があがったことを知り、喜んでいます。

美しい
おかたには
桜色が
よく
似合うワ
紫式部

七十二 雷乃発声《かみなりすなわちこえをはっす》

3月31日〜4月4日頃

寒冷前線の通過によって春の雷が鳴る頃。

昔は田の稲に雷の光が当たって稲が子を孕むと思われていました。雷は稲の夫《つま》だったのですが妻に誤用され現在に至っています。ちなみに雷は落ちるものですが、冬の稲妻は、地上から天に向かって昇るものも多いのです。

江戸の庶民は着飾ってはお花見へ

花見が一般に広まったのは江戸中期以降です。八代将軍吉宗が隅田川堤、飛鳥山、小金井堤、御殿山などに桜を、他にも、柳や松を植えて江戸の緑化計画を進めました。お花見は庶民の一大イベント、女性は着飾ってお花見に出かけまし

虹色《にじいろ》

紅花で染めた薄い絹地は、見る角度によって青みや紫みに見えることがあります。

C 0 M 25 Y 6 K 5

霞色《かすみいろ》

日本人は霞を通して、現実から遠い夢の世界を感じ取っています。

C 8 M 10 Y 0 K 5

御殿山の花見図(部分) 歌川豊広 江戸時代 東京国立博物館
桜の下、白魚漁の小舟が見えます。

銀煤竹《ぎんすすたけ》

煤竹色の明るい灰色がかった色。紀州茶の別称ともいわれます。『好色五人女』の樽屋おせんはお伊勢参りの旅仕度に「銀煤竹の袷(あわせ)」も用意しています。

C 0 M 10 Y 20 K 40

鴇色鼠《ときいろねず》

赤みのある明るい灰色。江戸時代、どんな色にも○○鼠とつけました。

C 0 M 15 Y 11 K 25

二十四 清明《せいめい》 4月5日

清々しく明るい春本番の頃。清明は、不安定だった天気も落ち着き、春の清らかな光に照らされ草木も動物も生命力にあふれる様子を表す言葉、清浄明潔の略といわれます。

七十二 玄鳥至《つばめきたる》 4月5日〜9日頃

夏鳥であるツバメが南方から渡ってくる頃。

玄鳥《げんちょう》とはツバメのこと。玄は温かさのある黒です。さて、農作物につく虫を食べてくれるのがツバメ。軒下に巣をつくれば縁起がよいと喜ばれ、毎年同じ巣に戻ってくるといわれます。ツバメが低く飛んだ後は雨が降るといわれる理由はエサとなる虫が湿気のため体が重くなり低空飛行になり、それを追ってツバメも低空を飛ぶためだそうです。

白茶《しらちゃ》

ごく薄い茶色。穏やかで上品な白茶が愛好されるのは江戸時代から。

C 0 M 8 Y 10 K 10

根岸色《ねぎしいろ》

穏やかな渋い色。根岸土で上塗りした壁(根岸壁)の色。

C 4 M 0 Y 40 K 55

鴇浅葱《ときあさぎ》

江戸時代の『手鑑模様節用』の通り色相は鴇色と同じ紅みの赤と思われます。

C 0 M 40 Y 30 K 10

た。

所変わって京都の桜。応仁の乱で焼けた京の都。仁和寺の再建も江戸時代に行われました。その頃から桜は見事で、御室桜《おむろざくら》と呼ばれました。

うららかや　女つれだつ　嵯峨御室

子規

江戸時代の学者貝原益軒は『京城勝覧』の中で奈良吉野の桜に匹敵すると書いています。

小袖幕《こそでまく》できらびやかに競う

小袖幕とは、花見のとき、小袖を桜の木々にはった縄にかけて幕の代わりとしたもの。裕福な町人たちはその度に小袖を新調したといいます。庶民にはできない豪華な花見遊びです。

鴇色《ときいろ》

鴇が飛ぶときにだけ見える風切羽や尾羽の色。紅花や蘇芳で染めました。江戸時代は、誰でも思い浮かべられる身近な色でした。

C 0 M 45 Y 34 K 0

白魚《しらうお》は春の香り

明治の中頃まで隅田川では白魚漁が風物詩でした。白魚好きの家康が、桑名の白魚を隅田川に放したといわれています。

ちなみに、墨田川の名の由来は「澄んだ川」です。

『鬼平犯科帳』シリーズの「暗剣白梅香」で、白魚と豆腐の小鍋だてと酒が運ばれて来ると長谷川平蔵はこう言っています。

「や、これはよい」

「春のにおいが湯気にたちのぼっているなあ」

また、歌舞伎『三人吉三《さんにんきちさ》』の大川端でのお嬢吉三のセリフにも白魚が出てきます。

「月も朧《おぼろ》に白魚の篝《かがり》も霞む春の空（中略）こいつぁ春から縁起がいいわえ」

白魚は春の香りを運んでくるのです。

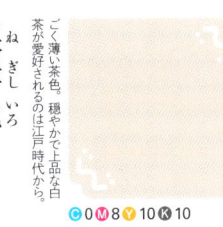

春の陽射しは麗《うら》らかな色

淡《うす》紅《べに》赤《あか》

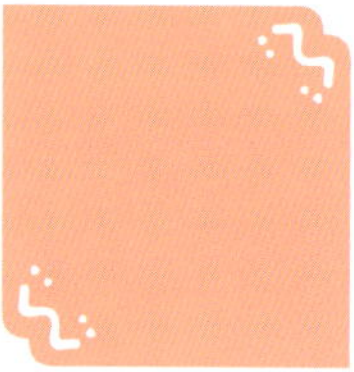

濁りの少ない明るく華やかな色。

C 0 M 40 Y 30 K 0

窃《せっ》黄《こう》

穏やかな黄色。窃とは「ひそか」なこと。窃慕とはひそかに慕うこと。

C 0 M 5 Y 50 K 10

麗らかとは春ののどかな雰囲気にぴったりの言葉です。麗らかの意味は、日が柔らかくのどかに照っている様子。心がおっとり、ゆったりしているさま。まさに春の陽射しです。「春のうららの隅田川」でお馴染みの「花」の歌では「櫂のしずくも花と散る」の花はもちろん桜のこと。

葉がない　雲がない　空のうららか

山頭火

旬のお菓子は桜《さくら》餅《もち》

桜の色の春の味といえば桜餅です。関東風ならクレープ風の長命寺。三枚の葉でくるまれているのが特徴です。関西風は、つぶつぶ食感の道明寺。桜の葉の塩漬けは伊豆

のどかな
隅田川の春、
舟をこぐ櫂から
したたるしずくも
花びらみたいだワ

柴《ふし》色《いろ》

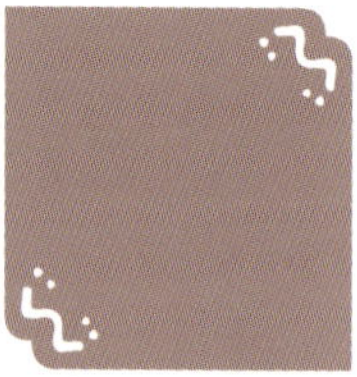

黒文字の木で染めた黒みある見本色の淡紅色と、栗、クヌギなどの柴木（雑木）で染めた黄褐色とする説があります。

C 0 M 30 Y 15 K 38

芸者と箱屋　北尾重政　江戸時代　ホノルル美術館

七十二

鴻《こう》雁《がん》北《かえる》

4月10日～14日頃

ツバメの飛来と入れ替わるように冬鳥の雁がシベリアへと帰る頃。

薄《うす》藍《あい》

藍色の薄い色。すっきりとした気取りのない江戸好みの色。

C30 M8 Y0 K15

退《あら》紅《そめ》

紅花染の淡色だが、紅色よりも黄みが強いともいわれます。

C0 M20 Y18 K5

紅花染が色褪せたような、かなり淡い色。

C0 M25 Y6 K7

松崎が名産地。全国の七割程がここで漬けられています。塩漬けの葉を食べるかどうかはお好みで。

仲の町の桜 鳥居清長 1785年 ボストン美術館

支子《くちなし》色《いろ》

支子の実で染めた色。色名が現れるのは平安時代の『延喜式』からです。

C0 M18 Y60 K0

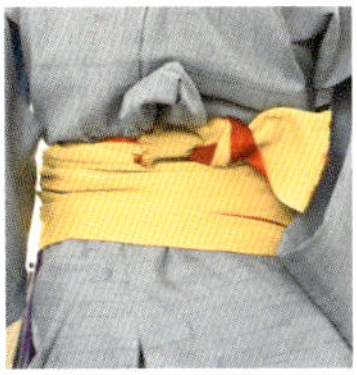

陽気な黄色の帯を締めると渋い着物が明るくなります。

七十二

虹《にじ》始《はじめて》見《あらわる》

4月15日〜19日頃

雨が上がり、柔らかい陽の光とともに今年初めての虹が淡くかかる頃。

虹を見ると気持ちが明るく希望がわいてきますよね。

日本でも
7色というけれど
6色5色2色
でとらえる地域も
あるんだって

最愛の女性は山吹の濃い黄色に彩られていた

『源氏物語』「若紫」の帖で、病気の光源氏が北山の鞍馬寺へ加持祈祷に行ったおり、山道の下の館を垣根越しに覗くと

中に十ばかりにやあらむと見えて、白き衣《きぬ》、山吹などのなえたる着て、走り来たる女子

白い袿《うちき》に山吹色の汗衫《かざみ》を着た10才くらいの女の子に目を奪われます。

いみじく生ひ先見えて、うつくしげなるかたちなり

後に源氏最愛の女性、紫の上となる少女との出会いのシーンは輝く山吹色で彩られています。

山吹色《やまぶきいろ》

山吹の花のような色。平安時代からの色名ですが、花そのものは万葉の時代から親しまれていました。

C 0 M 36 Y 95 K 0

菜の花色《なのはないろ》

菜の花の緑みの黄色。

C 2 M 0 Y 90 K 0

目、耳、口に春の三要素

目には青葉　山ほととぎす　初鰹

若紫《わかむらさき》

華やかで若々しい紫。

C 28 M 55 Y 0 K 0

わ この子
将来えらい美人になる
それに…
だれかに似ている
その後この少女を奪うように連れ帰り自分の理想の女性に育てるんです

鶸萌黄《ひわもえぎ》
鶸色と萌黄色の中間の色。
C 30 M 0 Y 100 K 10

鶸色《ひわいろ》
鶸の羽のような明るく爽やかな色。
C 11 M 0 Y 90 K 5

若緑《わかみどり》
瑞々しい松の若葉のような明るい黄緑。
C 39 M 0 Y 55 K 5

山口素堂

春の季語を三つ並べただけの句ですが青葉は視覚、ホトトギスは聴覚、初鰹は味覚。色々な感覚で春を味わえます。ホトトギスは鶯と並んで春を告げる鳥ですが、自分で雛を育てることはせず、鶯の巣に卵を産むのです。そして鶯は自分より大きなホトトギスの雛を育てることになるのです。

春宵怨（部分）　鏑木清方　1951年　横浜美術館

テッペンカケタカ
ごはんほしかー
?。
デカクない
ちょっと…

嫩黄色《どんこうしょく》
穏やかで優しい色。嫩とは若さや弱さと美しいことを表します。
C 3 M 0 Y 50 K 5

黄鼠《きねず》
くすんだ黄色。
C 0 M 0 Y 30 K 40

二十四
穀雨《こくう》
4月20日

発芽した稲や穀物を育てる雨がたくさん降る頃。

暦のできた中国では秋にまいた麦が実りを迎える前に降る雨の意味でした。日本では春の雨、田植の頃の雨です。

七十二
葭始生《あしはじめてしょうず》
4月20日〜24日頃

水辺に葦が芽吹く頃。

日本は古代、葦原中国《あしはらのなかつくに》（『日本書紀』）と呼ばれていたほど、葦の生える水辺の景色の美しい国なのです。葦は古くから日本の生活になじんだ植物。葦葺き屋根の材料やスダレやよしず、紙などに使われます。葭は「悪《あ》し」に語呂が通じるのでヨシと言い換える場合が多いです。

春のラストは艶やかな藤色、牡丹色

藤色《ふじいろ》

C40 M34 Y0 K0

C20 M40 Y0 K0

藤の花のような色。藤とつく名前の色は人気が高く21色が伝えられています。

立てば芍薬、座れば牡丹、歩く姿の百合の花とよく聞きます。日本女性の美しさを花にたとえた言葉ですが、日本女性に最も愛された色は藤色です。

藤色は、平安時代から近代にかけて、日本女性に最も愛好され、生活のなかに定着していた色の一つです。藤の名は、花が風に散る「風散《ふぢ》」に由来します。

光源氏のモデルとされる嵯峨天皇

舞仕度（部分） 上村松園 大正時代 京都国立近代美術館

牡丹色《ぼたんいろ》

牡丹の花のような色。襲の色目としては平安末期より。色名として定着するのは、化学染料が普及した明治時代以降。

C27 M90 Y0 K0

牡丹鼠《ぼたんねず》

牡丹色に鼠色を重ね合わせた色。

C0 M50 Y0 K50

草餅

七十二

霜止出苗《しもやんでなえいず》

4月25日～30日頃

夜の冷え込みで霜がおりることもなくなり稲の苗が育ち始める頃。霜は大気中の水蒸気が放射冷却などによって冷やされて氷になること。春の霜は晩霜《ばんそう／おそじも》といって農作物に大きな被害を与えるので霜注意報がだされます。

旬のお菓子　草餅

ヨモギの草の香りを楽しむ草餅は春の匂いです。

おらが世や
そこらの草も　餅になる
一茶

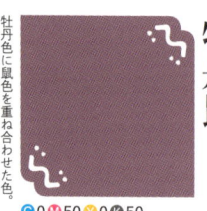

躑躅《つつじ》色《いろ》

赤い躑躅の花のような色。平安時代からある色名。

C0 M90 Y0 K5

南《なん》京《きん》藤《ふじ》

紅色がかった可憐な藤色。

C15 M60 Y0 K15

の皇子 源《みなもとの》融《とおる》がかまえた宇治の山荘跡は藤原道長に引き継がれ、その子頼通が菩提寺としたのが平等院です。宇治平等院の藤は「砂ずりの藤」とよばれ、地面につきそうなくらい見事なボリュームです。

亀戸天神の藤

藤《ふじ》納《なん》戸《ど》

藤色と江戸時代に流行した渋い納戸色を組み合わせた色名。

C60 M45 Y0 K25

藤《ふじ》紫《むらさき》

染色の名が見られるのは江戸時代後期からという。

C50 M50 Y0 K0

紅《べに》藤《ふじ》色《いろ》

紅がかった藤色。

C19 M50 Y0 K0

生命力が強くてどこでも生えるっていうケドどんな草だっけ
毒草のトリカブトと似てるんだヨ気をつけよーね
ヨモギ
トリカブト

雑節

八十八夜《はちじゅうはちや》

5月2日

立春から八十八日目の夏も近づく日です。若々しい緑色の新茶を摘み始める日。かつては、種まきの大事な目安にもなっていたといいます。

七十二

牡丹華《ぼたんはなさく》

5月1日〜5日頃

百花の王といわれる華やかな牡丹の咲く頃。「牡丹に唐獅子」とは、獅子は牡丹の花の下で安心して休む、すなわち安住の地なのだそうです。

春を装うかさねの色目《いろめ》

文献資料では使用季節がわからないものも多い。色と色名で季節に合わせて構成してみた。

(満)『満佐須計装束抄《まさすけしょうぞくしょう》』源雅亮《みなもとのまさすけ》　平安時代後期　(曇)『曇華院殿装束抄《どんげいんでんしょうぞくしょう》』聖秀尼宮　室町時代後期

(女)『女官飾鈔《じょかんかざりしょう》』一条兼良《いちじょうかねら》　室町時代後期　※（　）は裏色、色名無しは資料無し。

	単《ひとえ》	五《いつ》つ衣《ぎぬ》					表着《うわぎ》	小袿《こうちき》
紅梅《こうばい》の匂《におい》 (満)	青	濃紅梅	紅梅	紅梅	淡紅梅	淡紅梅より淡く		
裏陪紅梅《うらまさりこうばい》 (満)	青	淡紅梅（紅梅）	淡紅梅（紅梅）	淡紅梅（紅梅）	淡紅梅（紅梅）	淡紅梅（紅梅）		
紅梅匂《こうばいにおい》 (曇)	緑青	朱	朱	朱	丹	紅梅	紅梅	
紅梅匂《こうばいにおい》 (女)	濃紅梅	淡紅梅より淡く	淡紅梅	紅梅	紅梅	濃紅梅	萌黄	蘇芳
紅梅重《こうばいがさね》 (女)	紅	紅梅	紅梅	紅梅	紅梅	紅梅	蘇芳	萌黄
裏陪紅梅《うらまさりこうばい》 (女)	濃紅梅	紅梅	紅梅	紅梅	紅梅	紅梅	萌黄	赤

	単《ひとえ》	五《いつ》つ衣《ぎぬ》					表着《うわぎ》	小袿《こうちき》
桜重《さくらがさね》 (女)	紅	白（赤花）	白（赤花）	白（赤花）	白（赤花）	白（赤花）	紅梅	蘇芳
樺桜《かばざくら》 (女)	萌黄	蘇芳	蘇芳	蘇芳	蘇芳	蘇芳	白（赤花）	白（赤花）
桜萌黄《さくらもえぎ》 (女)	紅	萌黄	萌黄	萌黄	萌黄	萌黄	紅梅	蘇芳
莟紅梅《つぼみこうばい》 (女)	青	紅梅	紅梅	紅梅	紅梅	紅梅	萌黄	蘇芳
葡萄《えびぞめ》の衣《きぬ》 (女)	紅	蘇芳	蘇芳	蘇芳	蘇芳	蘇芳	萌黄	紅梅
柳《やなぎ》 (女)	紅	白（赤花）	白（赤花）	白（赤花）	白（赤花）	白（赤花）	萌黄	赤

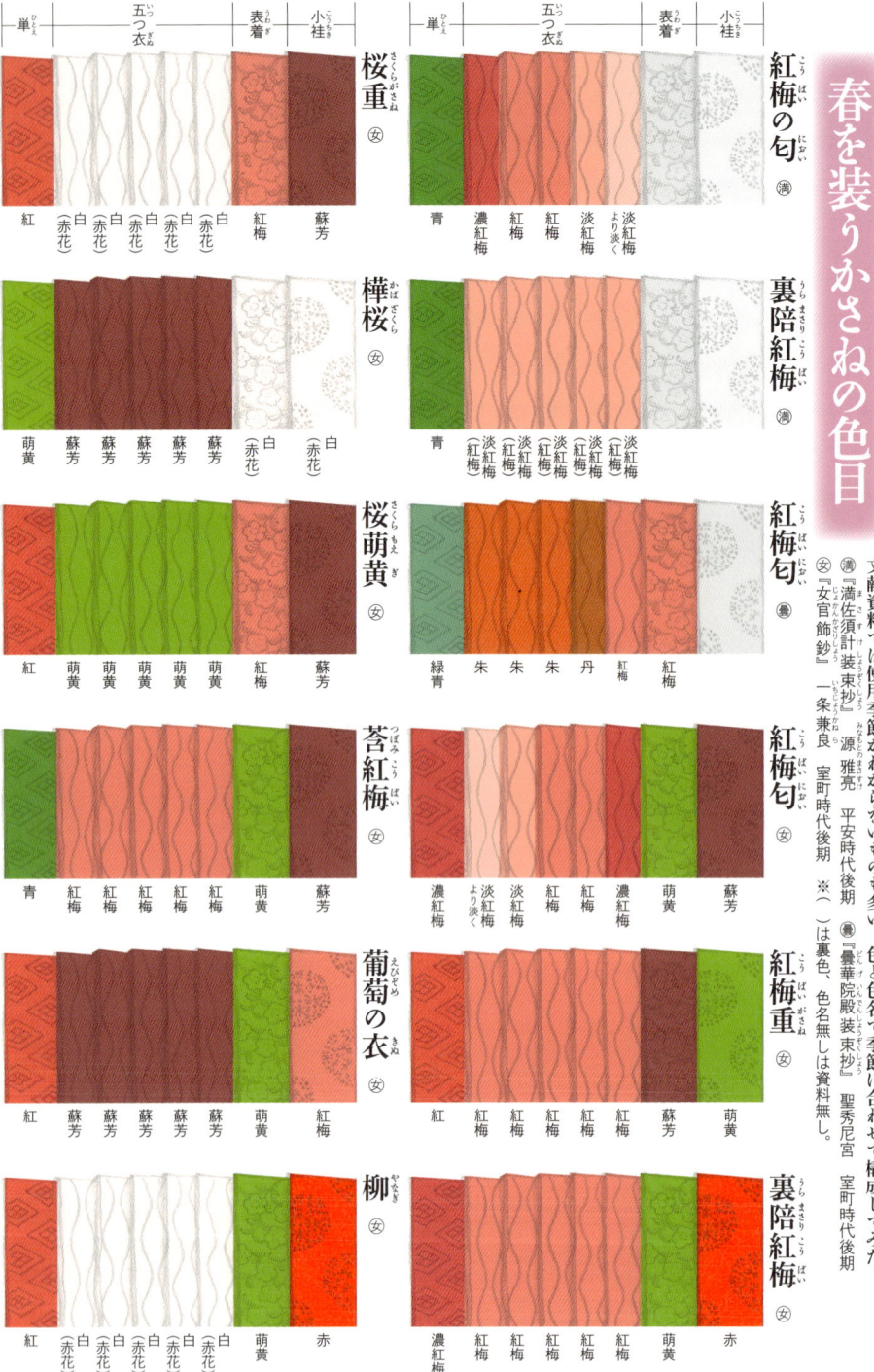

単《ひとえ》　五《いつ》つ衣《ぎぬ》　表着《うわぎ》　小袿《こうちき》

萌黄匂《もえぎにおい》 ㊐曇

朱　緑青　緑青　緑青　淡青　草具 こく青茶　草具 こく青茶

色々《いろいろ》 ㊐満

紅　蘇芳　黄　紅梅　萌黄　薄色

二つ色《ふたついろ》 ㊐満

紅単重　萌黄　萌黄　黄　黄　薄色　薄色

紫の薄様《むらさきのうすよう》 ㊛

白　白(白)　白(白)　淡紫 より淡く　淡紫　紫　萌黄　紅梅

七重《ななえ》 ㊛

紅　薄色 より淡く　薄色　淡青　濃青　淡紅　濃紅　淡緑　萌黄　蘇芳

紫匂《むらさきにおい》 ㊛

紅　淡紫 より淡く　淡紫　紫　紫　紫　黄　萌黄

単《ひとえ》　五《いつ》つ衣《ぎぬ》　表着《うわざ》　小袿《こうちき》

裏山吹《うらやまぶき》 ㊐満

青　黄　黄　黄　黄　黄

花山吹《はなやまぶき》 ㊐満

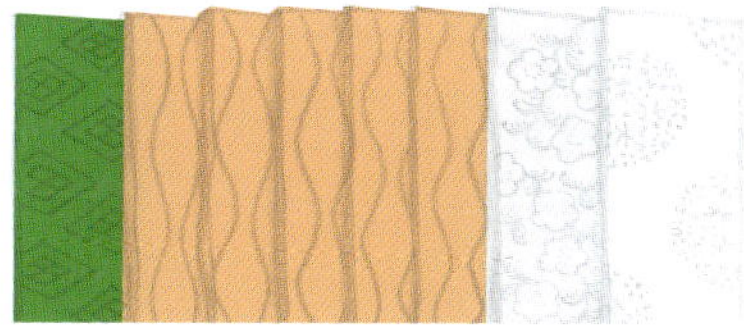

青　淡朽葉　淡朽葉　淡朽葉　淡朽葉　淡朽葉

山吹の匂《やまぶきのにおい》 ㊐満

青　黄　淡朽葉 より淡く　淡朽葉　淡朽葉　朽葉

花山吹《はなやまぶき》 ㊛

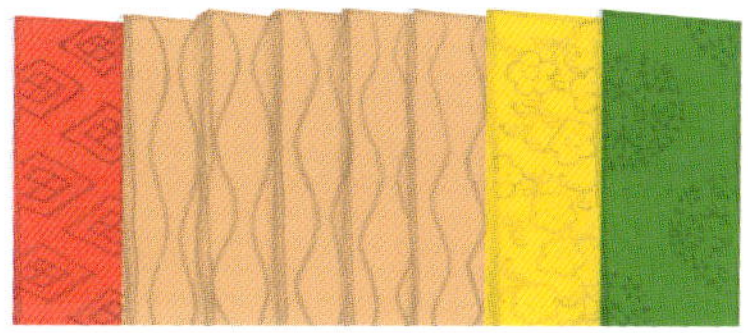

紅　淡朽葉　淡朽葉　淡朽葉　淡朽葉　淡朽葉　黄　青

裏山吹《うらやまぶき》 ㊛

青　黄　黄　黄　黄　黄　白(白)　蘇芳

山吹《やまぶき》 ㊐曇

緑青　黄　黄　丹　淡紅梅　丹　丹

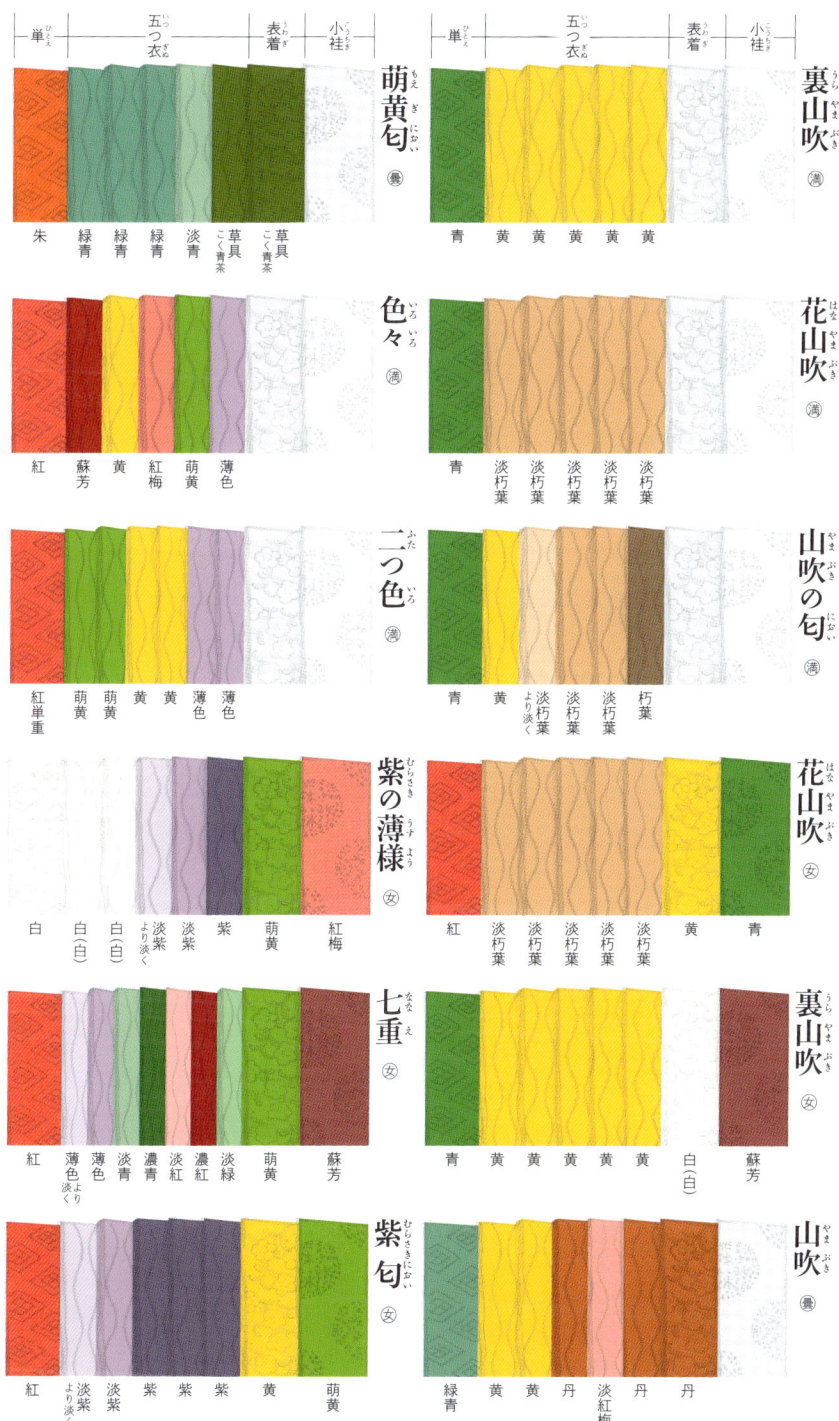

夏

立夏《りっか》

第19候　蛙始鳴《かわずはじめてなく》　5月6日～10日頃

第20候　蚯蚓出《みみずいずる》　5月11日～15日頃

第21候　竹笋生《たけのこしょうず》　5月16日～20日頃

小満《しょうまん》

第22候　蚕起食桑《かいこおきてくわをはむ》　5月21日～25日頃

第23候　紅花栄《べにばなさく》　5月26日～31日頃

第24候　麦秋至《むぎのときいたる》　6月1日～5日頃

芒種《ぼうしゅ》

第25候　蟷螂生《かまきりしょうず》　6月6日～10日頃

第26候　腐草為蛍《くされたるくさほたるとなる》　6月11日～15日頃

第27候　梅子黄《うめのみきばむ》　6月16日～21日頃

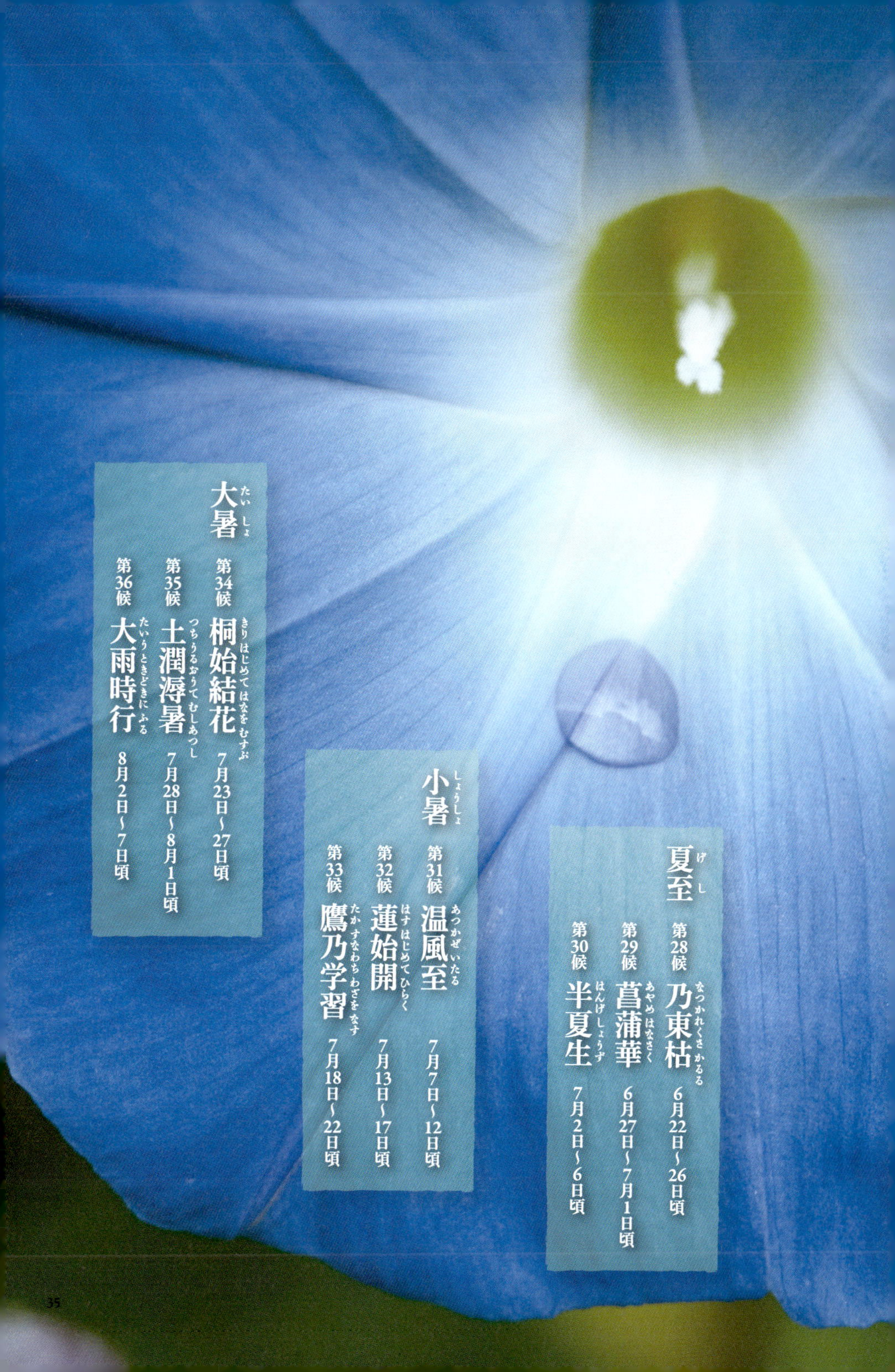

夏至《げし》

第28候　乃東《なつかれくさ》枯《かるる》　6月22日〜26日頃

第29候　菖蒲《あやめ》華《はなさく》　6月27日〜7月1日頃

第30候　半夏《はんげ》生《しょうず》　7月2日〜6日頃

小暑《しょうしょ》

第31候　温風《あつかぜ》至《いたる》　7月7日〜12日頃

第32候　蓮《はす》始《はじめて》開《ひらく》　7月13日〜17日頃

第33候　鷹《たか》乃《すなわち》学習《わざをなす》　7月18日〜22日頃

大暑《たいしょ》

第34候　桐《きり》始《はじめて》結花《はなをむすぶ》　7月23日〜27日頃

第35候　土《つち》潤《うるおうて》溽暑《むしあつし》　7月28日〜8月1日頃

第36候　大雨《たいう》時《ときどきに》行《ふる》　8月2日〜7日頃

夏の色

清々しい空気の透明感が夏の色に近づいていきます

天色《てんしょく》

晴天の澄んだ空の色。

C 85 M 32 Y 0 K 0

空の青に白い雲が映えます

四季の中で最も過ごしやすく清々しさを味わえる季節です。好みのうるさい清少納言も5月が大好き。

節《せち》は五月にしく月はなし。菖蒲《さうぶ》、蓬《よもぎ》などのかをりあひたる、いみじうをかし

『枕草子』三九段

節とは、端午の節

季節といえば
五月がいちばん。
お飾のくす玉を
柱にさげたり
子供たちが衣裳に
菖蒲を付けて比べっこしたり
今日は特別にすてきネ
清少納言

空色《そらいろ》

C 45 M 0 Y 0 K 0

晴れた日の空のような色。空天色、碧天とも書きます。

C 60 M 15 Y 0 K 0

ここでいう五月は
旧暦なので
今の5月末、
6月初め頃です。

二十四

立夏《りっか》

5月6日

草木がさえた緑色に変わり始める夏のごく初めの頃。

春の長雨と梅雨の間の気持ちよく晴れた日々。一年の内でも最も過ごしやすい季節です。

五節句

端午《たんご》の節句《せっく》

5月5日

端午の節句は元々、清少納言の時代は大人も子供も、みんなのお祭りだったのですが、武士の力が強くなる鎌倉時代になると男の子の節句となります。兜を飾るようになったのは武家社会の慣わしからです。

み空色《そらいろ》

み空の「み・御」は尊いものの美称。「み空行く雲にもかもな」（安貴王『万葉集』）

C60 M30 Y0 K0

紺碧《こんぺき》

空や海の深く透明感のある美しい青。

C90 M45 Y0 K30

句のこと。平安時代、菖蒲を髪に飾った臣下《しんか》が天皇に菖蒲を献上し天皇から薬玉《くすだま》を賜り邪気を祓うという行事だったそうです。

旬の菓子　粽と柏餅

和菓子の粽を笹の葉で包んだのは京都の老舗川端道喜が最初といわれ、現在まで五百年以上受け継がれています。笹をほどくと清々しい薫りが広がります。柏餅は日本発祥のお菓子。端午の節句に食べるようになったのは江戸時代から。柏の葉は新芽が出るまで落ちないので、子孫繁栄の縁起物とされました。

現在では
新暦になって
端午の節句と
葵祭は順番が
入れ替わって
しまいました。

紅掛空色《べにかけそらいろ》

明るい青空の空色に紅色を重ねた色。

C45 M45 Y0 K10

鯉のぼりは江戸時代以降の関東地方の風習で、当時の関西にはない風習でした。今はカラフルな鯉たちが風を受けて泳いでいますが、本来は真鯉（黒）。そして緋鯉（赤）、子鯉（青）が加わっていきました。

七十二

蛙始鳴《かわずはじめてなく》

5月6日～10日頃

繁殖期が近づき、オスの蛙が鳴き始める頃。オスの蛙は相手をひきつけるため、一生懸命鳴くのだそうです。蛙はオスしか鳴かないのです。

ケロロロ
ケロ
ケロ

伝統の賀茂祭は葵の葉の色が印象的です

葵《あおい》緑《みどり》

実物の葵の葉色より明るい黄緑色。

C50 M0 Y100 K0

平安時代、都でお祭りといえば賀茂祭のことを指しました。賀茂神社の神紋である葵の葉を飾るので今では葵祭と呼ばれます。『源氏物語』には葵祭を舞台にした「車争い」という騒動があります。これは光源氏の愛人「六条《ろくじょうの》御息《みやす》所《どころ》」と後から到着した正妻「葵の上」の牛車が鉢合わせして起こる

焔（ほのお）　上村松園　1918年　東京国立博物館

烏帽子に葵の葉を飾って神事に向かいます。

こんな女にだれがした…
罪つくりなヒト…
悪いのは光源氏でしょ でも書いたのはアナタでしょ！
紫式部

七十二　蚯蚓《みみず》出《いずる》　5月11日～15日頃

土の中のミミズが地表に出てくる頃。

ミミズが地面の上に出る理由はよくわかりません。我が家の近所には大きな池があって、雨の後、よく蛙やミミズが道の上に出ています。出るのは簡単だけど戻るのは難しいようで、道の上で、はかなくなっているのを見るとちょっと悲しいです。

七十二　竹笋《たけのこ》生《しょうず》　5月16日～20日頃

私たちがよく食べている竹の子は孟宗竹《もうそうちく》。中国三国時代の人物、孟宗が病の母のために冬に竹の子を掘ったことが名前の由来。

孟宗竹は、曹洞宗の開祖道元が宋から持ち帰ったのが始めなど諸説があります。

深緑《ふかきみどり》

C100 M0 Y75 K75

浅緑《あさきみどり》

C48 M0 Y95 K5

事件です。この時、屈辱的な扱いを受け、プライドをズタズタにされた御息所は、この後、嫉妬から生霊となって葵の上に取り憑き、死に至らせてしまいます。この段は、全編中女性に一番人気の物語。能の演目「野宮《ののみや》」や上村松園の画題にも選ばれ多くの女性に共感されました。

姿は見せず色で語る

この時代、美しく着飾っても本人は御簾の外には現れず衣裳の端を外に出して存在をアピールしました。これを出衣《いだしぎぬ》といいます。六条御息所も人目を忍びつつも美しい色使いによって正体がバレてしまったのです。

葵色《あおいいろ》

葵の花は白や紅、白と赤系の斑など様々ですが、平安人の好みが反映され、葵色は明紫系の色となっています。

C38 M50 Y0 K0

だから
かさねの配色が
重要だったの

次緑《つぎのみどり》

『延喜式』で決められた官位を表す色名。浅緑(あさきみどり)の黄緑より、青みに寄った濃い緑。更に深い緑は中緑(なかのみどり)、深緑(ふかきみどり)です。

C80 M0 Y100 K30

母の日《ははのひ》

5月第2日曜日。世界各地に母の日は存在します。イギリスでは復活祭の3週間前。一年に一度お里帰りして母に会えるマザリングサンデイ。スウェーデンでは5月最後の日曜日。ノルウエーは2月第2日曜日、アルゼンチンは10月第3日曜日。いつもどこかで母の日のお祝いがあるのです。

大輪揺れる百合の白
可憐な卯の花の白

白百合色《しらゆりいろ》

色名は明治以降の訳語。白百合は聖母マリアのシンボルで処女性を象徴しています。

C0 M0 Y5 K2

卯の花は初夏に小さな白い花が枝いっぱいに咲く空木《うつぎ》。その白さは平安時代「雪かとまごう」と形容されました。卯の花が咲き誇る白河関を訪れた芭蕉も「雪に包まれているよう」と書いています。

百合は夏を代表する花です。細い茎に大輪の花をつけるので風にゆらゆら揺れるので揺《ゆ》り。こんなところが百合の名前の由来ともいわれています。百合は明治時代、日本独特の美しい花で、欧米に輸出されていました。

卯《う》の花色《はないろ》

卯の花の色。白河関は、かつては蝦夷との境。この先は厳しい所。旅人はみんな感極まって歌を残しました。それも芭蕉の頃には様変わりして歌の聖地になっていました。昔を思う芭蕉が曾良の句を引用しました。「卯の花をかざしに関の晴着かな」

C1 M0 Y4 K2

ゆり根で
きんとん
つくると
超おいしい!

二十四 小満《しょうまん》 5月21日

秋に植えた麦の穂が実り始め、ちょっとホッとする頃。この暦のルーツは中国なので日本人にはピンときません。収穫を前にしたこの季節、麦が無事に実ってきたのを見て、ホッとするのは、いいものですね。

卯の花

萱草色《かんぞういろ》

萱草の花のような色。紅花と支子、又は茜と支子で染めた色。

C 0 M 48 Y 95 K 0

紫苑色《しおんいろ》

紫苑は秋に咲く花。萱草色とは反対色相。

C 45 M 45 Y 0 K 5

忘れ草とよばれた萱草

百合の仲間、萱草の別名は忘れ草。平安時代、萱草色は忌色で喪に服する時にまとう色でした。『今昔物語』にはこんな話があります。ある所に、父が亡くなり悲しみにくれる兄弟がいました。年月がたち、2人は忙しい毎日、兄は「私は忘れることができず苦しい」と人の思いを忘れさせてくれる萱草を、弟は「決して忘れさせない」紫苑をそれぞれ墓の前に植えました。やがて兄の足は遠のき、弟は忘れずに墓参りをしたある日、墓の中から声がしました。

「私は墓を守る鬼、お前も父と同様に守ってやろう」

次の日から弟は予知能力をさずかり、幸せに暮らしましたとさ。

向日葵色《ひまわりいろ》

向日葵の花のような色。向日葵は北米原産。日本には江戸中期に伝わりました。

C 0 M 24 Y 95 K 0

七十二

蚕起食桑《かいこおきてくわをはむ》

5月21日〜25日頃

蚕が活発に起きだして桑の葉を食べる頃。

養蚕は弥生時代に中国から伝わりました。蚕の出す糸はとても細く、太さはデニールという単位で表します。1デニールは450mで0.05g。繭一つの糸の長さは1300〜1500mあります。

空豆を蚕豆とも書きますが、これは、蚕を飼う初夏に食べ、またサヤが蚕の形に似ているからといわれます。

苔の色が濃く鮮やかな初夏

苔《こけ》色《いろ》

苔のような色。日本人は苔むした老木や庭園に深い静謐を感じる特別な文化を持ちます。明治以降はモス・グリーンと呼ばれます。

C30 M0 Y80 K50

苔寺とは京都市西京区の西芳寺の通称。飛鳥時代には聖徳太子の別荘だったといいます。その後、代替わりし、室町時代、造園家として知られる夢窓疎石が禅寺西芳寺と改めました。この頃は、枯山水の庭でしたが、何度もの戦いや洪水ですっかり荒れ果て、苔におおわれたのは江戸時代末のことです。

木々の間を埋める緑色のビロードは、自然の色彩の美しさを感じさせます。質感、色ともに5月がベストシーズン。

青《あお》苔《ごけ》

青みがかった苔色。鎌倉時代の武士に好まれました。萌葱色(もえぎいろ)と同色。

C60 M0 Y45 K50

紅花(べにばな)
アザミに似た花をつけ、夏は鮮やかな黄色に、秋には紅色に変わります。
写真は伊勢半本店

七十二

紅《べに》花《ばな》栄《さく》

5月26日～31日頃

黄色の濃い紅花が咲く頃。紅花は飛鳥時代には日本に伝わり、紅染めが行われていたと考えられます。古名の末摘花《すえつむはな》は茎の先（末）から咲いていく順に摘み採ることから。紅花は恋を象徴する歌も多いのです。

人しれず　思へば苦し　紅の
　末摘花の　色にいでなむ

『古今集』詠み人知らずもう黙っているのは苦しいの。末摘花の紅色みたいにはっきり告白したいの、という意味。

七十二

麦《むぎの》秋《とき》至《いたる》

6月1日～6月5日頃

黄金色の麦の穂が波のように揺らぐ収穫の頃。麦秋といえば、小津安二郎監督の『麦秋』でしょうか。丁寧に描かれた日常に、静かな空気の漂う世界でした。

青朽葉《あおくちば》

緑みの朽葉色。平安時代からある色名。朽葉色のバリエーション。

C 8 M 0 Y 80 K 35

浅青朽葉《うすあおくちば》

青朽葉の薄い色。

C 5 M 0 Y 50 K 30

夏の緑が濃さをましていきます

仏手柑は果実の下部の形が仏の手の指の形に見えるのが由来。実は温かい黄色で、見本色とは別の色です。この黄色い実の仏手柑は手仏手柑といい鑑賞用です。

青朽葉は秋の鮮やかな紅葉の落葉と違い盛夏の緑の茂る中で落ちていく朽葉の色。『枕草子』には貴族の女児の衣装の汗衫《かざみ》は「夏は青朽葉」とあり、梅雨から夏の時期に着用したようです。

朽葉色は主に平安時代の色名ですが、江戸時代になると「茶色」と名をかえて様々な色をつくり出し流行します。その色幅は、鮮やかな紅葉の朽葉色から、穏やかな黄みがかった朽葉、緑色がかった朽葉などとても幅広いです。

仏手柑色《ぶしゅかんいろ》

仏手柑色を示す資料はほとんどなく、和田三造氏はシトロンに近い渋い黄緑としています。

C 53 M 0 Y 70 K 40

鮮緑《せんりょく》

新鮮で力強い葉のイメージ。

C 60 M 0 Y 80 K 8

更衣《ころもがえ》

元々は宮中行事の更衣《こうい》を指し、旧暦の4月1日と10月1日と定められていました。現在は6月1日と10月1日。学生服を夏服に替える日。

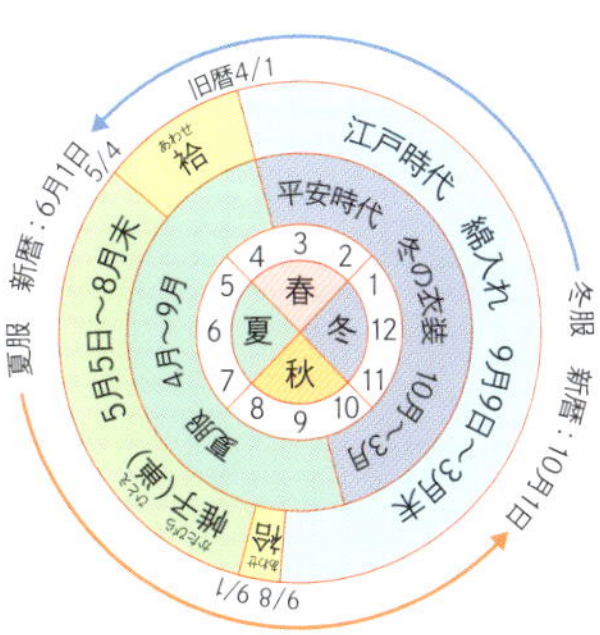

『源氏物語』で、帝の愛を一身に集め、周囲から嫉妬された桐壺《きりつぼ》の更衣《こうい》は光源氏のお母さんです。

日に照らされてまぶしい新緑の青

若《わか》苗《なえ》色《いろ》

C20 M0 Y80 K9

田植の時期の植えたばかりの稲の苗の色。

新緑のまぶしい初夏の色は、若苗、若楓、若草色など、鮮やかで明るい緑色。すくすくと稲が育つ田も初夏の緑色に溢れています。楓といえば紅葉の美しさを思い浮かべますが薄い葉が透ける新緑の楓もまた格別です。

卯月ばかりの若楓、すべてよろずの花、紅葉にもまさりてめでたきものなり

『徒然草』一三九段　吉田兼好

どんな花より
秋の紅葉より
若い楓が
すばらしいと
思うネ
by 吉田兼好

苗《なえ》色《いろ》

C25 M0 Y100 K30

明るく落ち着きがあり、黒みを含んでいます。平安末期の『助無智秘抄』には「苗色とは黄気ある青物也」とあります。

二十四

芒種《ぼうしゅ》

6月6日

育った稲の苗を田に植える頃。麦や稲りように穂のでる穀物。その種を蒔く季節という意味です。芒とはイネ科の植物が実をつけた殻の先っぽのヒゲみたいなものです。

このヒゲを芒（のぎ）といいます"

雑節

入梅《にゅうばい》

6月11日

立春から数えて135日目（6月11日頃）から約30日間が暦の上での梅雨。梅雨に入るの意味です。梅雨の由来は梅の実が熟する頃の雨とも、カビの季節の雨、黴雨《ばいう》ともいいます。梅雨は嫌いという人も多いですが、梅雨の頃のイワシは入梅鰯とよばれ、一年の中で一番脂がのって美

五月雨は
新暦では
6、7月の
梅雨に
あたります

若竹色《わかたけいろ》

若い竹の幹肌のような明るい緑色。

C 55 M 0 Y 48 K 0

青草《あおくさ》

青々と茂った草や稲の色。生命力に溢れた力強い色。

C 68 M 0 Y 90 K 20

カマキリは勇者の象徴

夏の京都は祇園祭。その山鉾のひとつ蟷螂山《とうろうやま》は蟷螂《かまきり》の勇ましさを象徴しています。カマキリが道の真ん中で立ち往生する姿は、何にも動じない勇気ある者とも、身の程知らずの無謀な者とも見られます。

青色の風が吹き抜ける

山や野を吹き抜ける初夏の風は色まで青く感じます。薫風《くんぷう》が柔らかい新緑の間にそよぐ風、その後、少しだけ強くなった緑をぬける風が青《あお》嵐《あらし》です。

青嵐　定まる時や　苗の色

嵐雪

服部嵐雪は芭蕉の最古参の弟子の一人です。

青竹色《あおたけいろ》

青々と成長した竹の色。江戸中頃に生まれた色名。

C 80 M 0 Y 60 K 15

竹虎図襖（部分）　狩野探幽
京都・南禅寺

青竹鼠《あおだけねず》

青竹色をくすませた明治中期の流行色。

C 35 M 0 Y 26 K 35

味しいのですよ。
梅雨《ばいう》を江戸時代までは「五月雨《さみだれ》」と呼ぶことの方が多かったのです。「つゆ」と呼ばれるようになったのは江戸時代の頃からです。

五月雨を　集めてはやし　最上川

芭蕉

降り続く雨で最上川の水かさが増し、轟々と流れる感じですね。

七十二

蟷螂生《かまきりしょうず》

6月6日〜10日頃

秋に産みつけられた泡のような卵からカマキリが孵化する頃。カマキリの卵を卵鞘《らんしょう》といい、中には2〜3百個の卵が入っています。

闘虫（部分）　速水御舟
1926年

梅雨時に色めく紫陽花のグラデーション

紫陽花《あじさい》青《あお》

C60 M30 Y0 K5

紫陽花の名は「あづさあい《集小藍》」が由来。小さな藍の集まった花の意味です。紫陽花は『万葉集』に登場しますが、その後は江戸時代まで登場しません。江戸時代、日本に来た医師シーボルトは紫陽花を美しい日本の花として『日本植物誌』に紹介しています。純日本産の紫陽花は、海を渡

棟色《おうちいろ》

棟は初夏に淡い紫色の花を咲かせる梅檀（せんだん）の古名。

C41 M45 Y0 K0

七十二

腐草為蛍《くされたるくさほたるとなる》

6月11日〜15日頃

蛍が夜光を発しながら飛ぶ頃。昔の人は、蛍の光は草が腐ってそれが生まれ変わったと考えました。オスがメスを呼ぶために光を放つそうで、光の点滅のリズムは種類によってまちまちだそうです。

暗くても
相手を間違わ
ないように
点滅のリズムが
決まってる
のかもネ
4ビートにする？
8ビートにする？
なかなか
イキだネ

槿花色《むくげいろ》

槿花の花のような色。平安時代からの色名。

C0 M60 Y0 K10

唐棣色《にわうめいろ》

庭梅は淡い紅色の花を咲かせるバラ科の低木。

C0 M30 Y0 K0

石竹色《せきちくいろ》

撫子の花のような色。石竹は中国原産。日本の大和撫子に対して唐撫子ともいいます。

C0 M50 Y0 K0

り18世紀、英国王立植物園にも植えられました。

紫陽花や　きのふの誠
けふの嘘　　　　子規

様々に変化する紫陽花の花の色を移ろいやすい人の心に重ねています。

夏空にピンクの花

唐棣色の色は説が複数あり特定はできません。朱華《はねず》と同じともいわれますが、色相はかなり違います。

夏まけて　咲きたるはねず
ひさかたの　雨うちふらば
移ろひなむか
『万葉集』大伴家持

夏になりやっと咲いた唐棣だが、雨が降ったら花の色はあせてしまうだろうか。

七十二

梅子黄《うめのみきばむ》

6月16日～21日頃

青かった梅の実が梅雨とともに黄色く熟す頃。

梅酒は熟す前の青梅を使い、梅干しは熟した梅を使います。

涼やかな色は浅葱色

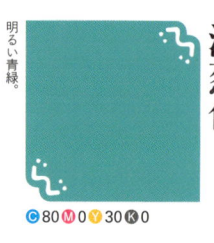

浅葱色《あさぎいろ》

明るい青緑。

C80 M0 Y30 K0

水浅葱《みずあさぎ》

藍染の薄い浅葱色。

C60 M0 Y23 K0

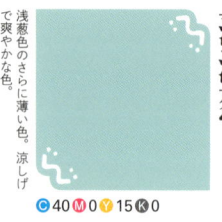

浅葱はネギの薄い葉色。「葱」という字は青を示す色名に使われます。江戸勤めの地方諸藩の侍は江戸の気風や吉原の作法に疎かった。そんな田舎から出てきた侍の羽織の裏地には流行遅れの浅葱色が多かったため、吉原では気の利かない田舎侍を浅葱裏と呼び、野暮の代名詞としていました。

江戸時代の川柳に「親分は水浅葱まで着た男」というものがあります。水浅葱は罪人のお仕着せの色にも使われていたようです。

慶長風俗(部分) 鏑木清方 1925年頃 埼玉県立近代美術館

水無月
三角形の外郎は暑気を払う氷を表し、小豆(の赤)には邪気を祓う意味があります。

薄浅葱《うすあさぎ》

浅葱色のさらに薄い色。涼しげで爽やかな色。

C40 M0 Y15 K0

二十四

夏至《げし》

6月22日

太陽の高さが最も高く、昼の時間が一年で一番長い日です。冬至と比べると昼の時間は4時間以上長くなります。

夏至には、冬至にカボチャを食べるような全国的な習慣はありませんが、京都では6月晦日に、水無月という白外郎の上に小豆がのったお菓子を食べます。

七十二

乃東枯《なつかれくさかるる》

6月22日～26日頃

夏枯草《かこそう》と呼ばれるうつぼ草が枯れる頃。

うつぼ草はシソ科の山野草。花の形が弓矢を入れる靫《うつぼ》に似ていることが名の由来です。

瓶覗《かめのぞき》

藍染でもっとも薄い色の一つ。

C25 M0 Y6 K3

1回目は左回り
はらいたまえー
きよめたまえー
左足からスタート
ペコ
くぐり終えたら
輪の前で一礼

花浅葱《はなあさぎ》

花色がかった浅葱色。花色とは縹色(はなだいろ)のこと。

C80 M0 Y20 K5

夏越《なごし》の祓《はらえ》は一年の折り返し

水無月に行う夏越《なごし》の祓《はらえ》は一年の折り返しで行う大祓《おおはらえ》です。茅《ち》の輪《わ》くぐりをして病気や禍をお祓いし、神様に感謝し、残りの半年を無事に過ごすための神事です。

湿気が多く暑い夏は疫病が流行しやすいので無事に越しましょうということです。

大祓は6月晦日（6月30日）の「なごし」と12月晦日（12月31日）の「年越し」の2回あります。

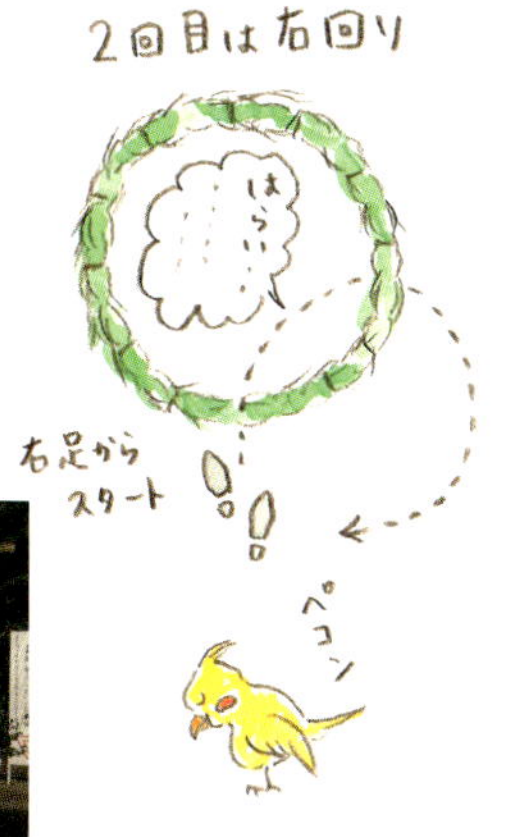
2回目は右回り
はらい
右足からスタート
ペコン

浅葱鼠《あさぎねず》

浅葱色を基調にした鼠色。

C30 M0 Y11 K30

上賀茂神社で行われた夏越の祓。

虎が雨《とらがあめ》

旧暦の5月28日に降る雨。

鎌倉時代のこの日、曽我十郎五郎兄弟が父の仇討ちを果たしますが、兄十郎は討ち死にします。以後、5月28日に降る雨を、十郎の妾の虎という遊女が流した悲しみの涙が雨となって降る、虎が雨といいます。

3回目は左回り
はらい
左足から
くぐり終えたら
神前にお参り

青時雨《あおしぐれ》

冬の季語の「時雨」に青葉の青をつけた夏の季語。木々の葉に降りたまった雨が、その下を通ったときにパラパラと落ちてくることをいいます。瑞々しい透明感があります。

橘の花芯の黄色は清少納言も好きな色

花橘《はな たちばな》 ㊎

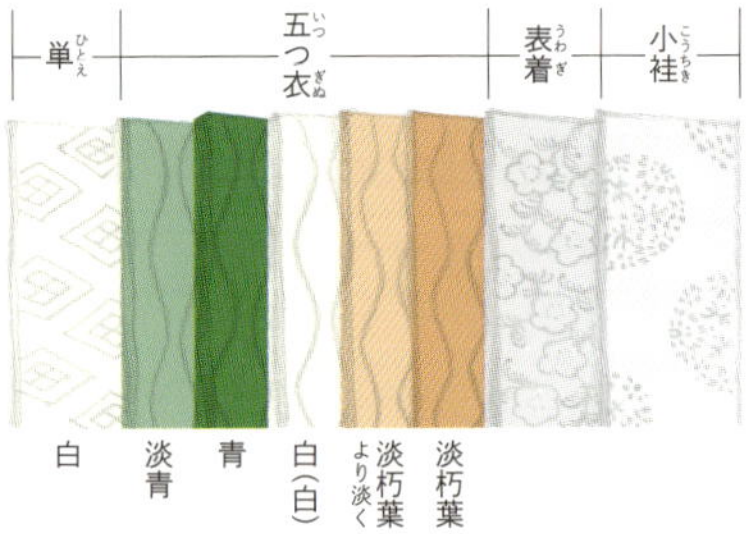
小袿《こうちき》
表着《うわぎ》
五《いつ》つ衣《ぎぬ》
単《ひとえ》
淡朽葉
淡朽葉より淡く
白（白）
青
淡青
白

P60参照。
夏の襲の色目。橘の花を淡朽葉と白で表現。残念ながら橘と名のつく色は伝わっていません。

清少納言は『枕草子』三七段で、橘の花は、たとえようもなく美しく桜にも劣らないと書いています。

橘の花は、歌の世界では昔の恋人の思い出を象徴する花でもあります。

五月待つ　花橘の　香をかげば
昔の人の　袖の香ぞする

『古今和歌集』詠み人知らず

『和泉式部日記』橘の花の段では、恋人の為尊親王が26歳の若さで亡くなり、悲しみに暮れる和泉式部の元に、親王の弟に預けられていた童が橘の花を届ける場面があります。親王の弟が「まだ兄を思っ

えらいホメるねー
橘の則光といえば清少納言の最初の夫です

七十二
菖蒲華《あやめはなさく》
6月27日〜7月1日頃

菖蒲の花が咲く頃。菖蒲《あやめ》と花菖蒲《はなしょうぶ》は別のもの。平安の頃は葉菖蒲《はしょうぶ》を、あやめに似ている所からあやめ草と呼んでいました。あやめは五月に咲く花なので、ここでいう菖蒲は花菖蒲のことかもしれません。

黄色のすじ
湿地に生える
ノハナショウブ

菖蒲《しょうぶ》色《いろ》

C56 M90 Y0 K5

C19 M75 Y0 K0

菖蒲の花のような色。「藍かちたるを桔梗といふ、赤みかちたるを菖蒲という」『手鑑模様節用』江戸時代

て嘆き悲しんでいるのですか」とたずねているのです。

京の夏を彩る祇園祭《ぎおんまつり》

祇園祭は一か月かけて行われる八坂神社のお祭りです。869年疫病が流行し大勢の死者がでたことに祈祷をした祇園御霊会《ごりょうえ》が起源とされます。美しく飾られた山《やま》や鉾《ほこ》は動く美術館といわれています。

山鉾巡行が始まります。
おちごさんがけっかいを刀で切ると

杜若《かきつばた》色《いろ》

C45 M90 Y0 K0

C65 M65 Y0 K0

杜若の花のような色。

半夏生の花

目にすずしい夏らしい葉のもよう

七十二

半夏生《はんげしょうず》

7月2日〜6日頃

半夏（烏柄杓《からすびしゃく》）の花が咲く頃。半夏は夏至から11日目頃。この日に降る雨を半夏雨《はんげあめ》といいます。田んぼの神様が天へのぼるときに降る雨ともいわれます。この日に降り始めた雨は、何日も降り続くことがありますが、梅雨もいよいよ終わりが近づいています。農家は田植えが終わりつかの間の休息です。

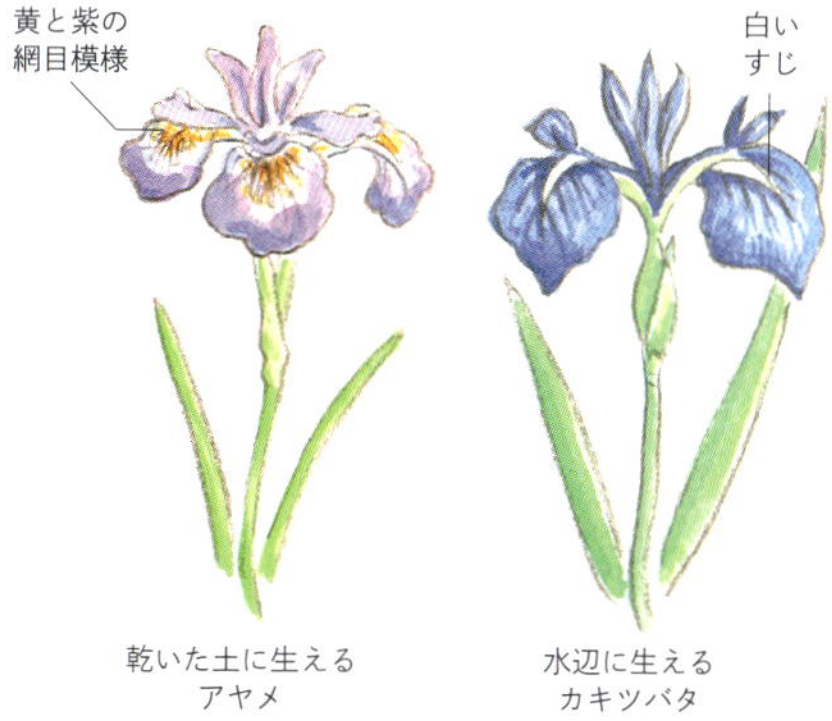
白いすじ
水辺に生えるカキツバタ
黄と紫の網目模様
乾いた土に生えるアヤメ

夏の緑はますます濃く
蝉時雨ますます響く

蒼色《そうしょく》

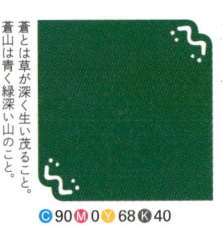

蒼とは草が深く生い茂ること。蒼山は青く緑深い山のこと。

C90 M0 Y68 K40

碧色《へきしょく》

碧玉（へきぎょく）は石英に不純物が混じった結晶で、紫から青、緑、紅と色幅は広いです。古代から曲玉（まがたま）などの装飾品や印材として使われました。

C90 M0 Y34 K35

閑《しずけ》さや岩にしみ入る蝉の声

芭蕉が元禄2年（1689）5月27日、山形の山寺（立石寺）にお参りしたときに詠んだものです。夏の濃い緑色に染まった静かな山中、蝉の一斉に鳴く声だけが響く暑い夏の様子が目に浮かびます。

鳴く木をください

昔、象の飼育指導のために上野動物園に来ていたドイツ人が帰国するとき、蝉が鳴いている木を見て「あの鳴く木が欲しい」と言ったそうです。ヨーロッパでは鳴く蝉は珍しいのだそうです。

このセミはアブラゼミである。
いーやニイニイゼミだ
アブラゼミはまだ鳴いていないはず
こんな論争もあったの
斎藤茂吉
小宮豊隆

独文学者。漱石の弟子。　アララギ派歌人であり精神科医。

山藍摺《やまあいずり》

山藍をこすり付ける原始的な染色。『万葉集』にも登場し、神事に用いました。

C50 M0 Y25 K30

二十四

小暑《しょうしょ》

7月7日

梅雨が明けて暑い夏の日が続くようになる頃。

小暑から立秋までの期間を暑中といい、この間に出す挨拶が暑中見舞いです。暑さは日々増していきますが、昼間の長さは夏至から短くなっていきます。

朝顔市《あさがおいち》

東京は入谷の朝顔市は江戸時代から続く夏の風物詩。毎年7月の6〜8日の3日間、鬼子母神を中心に朝顔の露店で賑わいます。江戸末期、様々な変わり咲きの品種が生まれ、木戸銭をとるほど朝顔はブームでした。

朝顔図屏風　鈴木其一　19世紀前半　メトロポリタン美術館

海緑色《かいりょくしょく》

冷たそうな深い海の色。海緑石は緑色や青緑色の鉱物。

C80 M0 Y40 K40

鉄深川《てつふかがわ》

くすんだ青緑色「深川」に「鉄」を重ねた深く厳しい色調。

C50 M0 Y25 K60

夏虫色《なつむしいろ》

夏の涼しさを感じさせる色。

C60 M0 Y60 K60

セミの鳴き声は、日本では夏の風物詩のように思いますが、外国人の耳には蝉の声は雑音ととらえられるのだそうです。もしかしたら蝉の鳴き声は、自然と苦闘しながらも受け入れて生きてきた日本人の感性が生み出す文化の一つなのかもしれません。

蝉の羽のような着物

旧暦6月は蝉の羽月といいます。蝉の羽のように透ける薄い衣、絽《ろ》、紗《しゃ》などの羅《うすもの》を着る月だからです。

月蝕の宵（部分） 上村松園 1916年

忍摺《しのぶずり》

忍草（しのぶぐさ）の茎葉を摺りつけた色。

C60 M0 Y60 K30

花萌葱《はなもえぎ》

花色（青）に黄を染め重ねて萌葱色に近づけた色。

C90 M0 Y79 K20

五節句

七夕《たなばた》の節句

七月七日

古く日本にあった乙女が機を織って神棚に供え、お祓いをする「棚《たな》機《ばた》」という神事と、奈良時代に中国から伝わった乞《き》功《こう》奠《でん》という女子が手芸や裁縫の上達を祈る行事と、琴座のベガ（織女星）と鷲座のアルタイル（牽牛星＝農業の星）が天の川をはさんで最も輝く日、の3つが入り交じって現在の七夕になりました。

七十二

温風至《あつかぜいたる》

7月7日〜12日頃

熱気をはらんだ風が吹き、温度を上げる頃。

東京の風は深夜でも暑いですね。

暑さを忘れる涼やかな二藍《ふたあい》

二《ふた》藍《あい》

二藍は一色の名前ではなく青みの二藍から紅に近い二藍まで幅広い色があります。

C50 M45 Y0 K30

年を重ねるほど青みの濃い二藍を選びました。

C50 M60 Y0 K20

若い人ほど、紅色に近い二藍を着ました。

C40 M65 Y0 K20

指貫《さしぬき》は…夏は二藍

『枕草子』二八一段清少納言もきっぱり言ってます。また、二藍の薄物を着た稚児が「うつくしきもの」（一五一段）ではこう語られています。

何となき若人こそ二藍はよけれ、ひき繕はむや

『源氏物語』藤裏葉《ふじのうらば》の帖では光源氏が息子の夕霧に「若い人には二藍もいいよ。でも、あなたは大人っぽくお洒落していきなさい」とコーディネイトをアドバイスする場面があります。

二藍とは二つの藍、藍染の藍と紅花の呉藍です。この2色を掛け合わせた紫色のグラデーションは平安時代に主に夏の色として好まれました。

七十二

蓮始開《はすはじめてひらく》

7月13日〜17日頃

蓮の花が夏の夜明けとともに咲き始める頃。

蓮の花は仏教とともに日本に伝えられました。汚い沼の中から清らかな花をつける蓮は、仏教では清らかさの象徴であり極楽浄土の象徴です。

浄土宗では極楽に往生した者は蓮の花の中に生まれかわると説かれています。

C35 M70 Y0 K10

C27 M82 Y0 K5

『源氏物語』の「空蝉」では若くて元気な軒端荻（のきばおぎ）が白い羅（うすもの）の単襲(ひとえがさね)に二藍の小袿(こうちぎ)着ています。それは見本色のような紅味の二藍かもしれません。

紅《べに／くれない》（呉藍《くれあい》）

C0 M90 Y56 K5

紅花の濃染。王侯貴族の紅花染の愛好が最高潮となった平安時代からの色名。

蝉の抜け殻に無情を感じる

空蝉の　殻は木ごとに　とどむれど
魂の行くへを　見ぬぞ悲しき

『古今和歌集』詠み人知らず

空蝉は古語の現身《うつしみ》が語源と考えられています。平安時代に、蝉の抜け殻を指す歌語《かご》となりました。

藍色《あいいろ》

C90 M11 Y0 K66

藍は人類最古の植物染料の一つ。藍は葉を刻んで発酵させ、乾かし固めた藍玉を染料とする。日本で藍といえば蓼藍。インディゴの語源になったのはインド藍。

七十二

鷹乃学習《たかすなわちわざをなす》

7月18日～22日頃

春にかえった鷹の雛が飛び方を覚え獲物のとり方を教わる頃。鳶が鷹を産むといえば、凡人から優れた子供が生まれること。鎌倉の海岸の鳶が観光客の手に持ったおにぎりを急降下で取り去る技はあっけにとられる程すごい。

驟雨《しゅうう》

夏の午後、急に降る雨。夕立のことです。「夕立は馬の背を分ける」とは右を見れば雨だけど左を見れば晴れているという状態です。

夏を涼しくすごす色、音、味

葛の本場は奈良吉野。薄紫色の花は秋の七草にも数えられ、茶花として愛されています。

蟬時雨で暑さを感じたかと思えば、風鈴の音で涼を感じる。耳で涼しさを感じるのは日本人独特のものといえます。

風鈴のチロチロリーンと高くて透明な音を聞きながら涼やかな夏のお菓子をいただきます。葛餅や水羊羹は見た目にもひんやり、口に入れるとつるりとした口触りが一段と涼を呼びこみます。

そんなお菓子をひきたてるのは冷たいお茶ではなく、熱いお茶というのもなかなかいいものです。

トリにもあるんだヨ
ベー
チロリーンと鳴るここを舌《ゼツ》といいます

紅《べに》湊《みなと》

紅みがかった青。湊色は大阪堺市の湊村で生産された鳥の子紙（とりのこがみ）の色。

C30 M30 Y0 K20

小《こ》紫《むらさき》

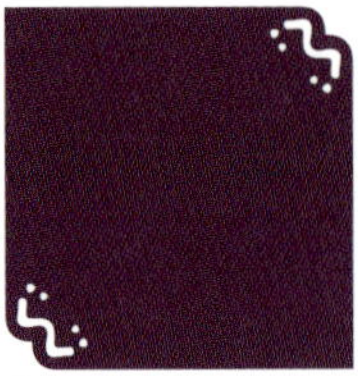

蝶のコムラサキのオスは光線の反射によって紫色に見えるといいます。

C40 M80 Y0 K70

花《はな》紫《むらさき》

藍で染めた花色に紅花を染め重ねた色。華やかさと落ち着きがあります。

C70 M70 Y0 K20

二十四

大暑《たいしょ》

7月23日

暑さが漢字の上でも感じられる一番暑い夏の盛りです。打ち水のイベントがよく行われる日です。実際には、暑さはこの後さらに厳しくなります。

八《はっ》朔《さく》

八月の朔日。略して八朔。朔日は1日のこと。旧暦の8月1日です。早稲《わせ》も実るので田の実の節句と呼び、かつては豊作を願う農民の行事として重要でした。今年もいい米がとれそうですと田の神に感謝するお祭りは熊本など各地に残っています。

田の実が頼みになったんどすえー

京都では舞妓さん、芸妓さんがお

薄紫《うすむらさき》

紫色は薄くなっても高貴な色。

C 11 M 30 Y 0 K 15

半色《はしたいろ》

どっちつかずの色という意味。穏やかで優雅な色。

C 20 M 40 Y 0 K 30

紫鼠《むらさきねず》

紫みがかった灰色。

C 11 M 15 Y 0 K 40

紫蘇は紫色の薬

中国後漢の頃、名医華佗が、食中毒で死にそうな若者に紫蘇を煎じて飲ませると、命を取り留めたという逸話から、紫（の薬）蘇（よみがえる）と呼ばれるのです。

葛も紫蘇も
桐もみんな
薄紫の花

紫蘇の葉 梅干しや漬け物の着色材となります。佃煮や刺身のつまにもなります。

夏の蝶はアゲハチョウ

アゲハチョウは、夏の蝶と思っていたのですが、3月頃から羽化し、秋までに卵→幼虫→蛹→成虫の過程を4世代がくり返すそうです。オスは一日のある一定時間に同じ場所を飛ぶ習性があります。これが蝶道《ちょうどう》です。毎日同じ時間に通勤する私たちみたいです。理由の一つは結婚相手を効率よく探すというのもあるそうです。

美人に犬図 山口素絢 江戸時代 エツコ&ジョー・プライスコレクション 素絢は円山応挙の高弟。

茶屋や稽古のお師匠さんなどへ挨拶回りに行く日です。

七十二 桐《きり》始《はじめて》結花《はなをむすぶ》

7月23日～27日頃

桐の薄紫色の花がそろそろ咲き始める頃。

桐の花といわれてもあまりピンときませんが、実は日本ではとても因縁のある花なのです。

清少納言は言葉に表せないほど素晴らしいとべたホメです。

桐の木の花紫に咲きたるは、（中略）世の常に言ふべくやはある。いみじうこそめでたけれ

『枕草子』三七段

桐花紋は織田信長や豊臣秀吉なども使用した由緒正しい紋。五七桐は日本政府の紋に使われています。

五七の桐花紋

江戸っ子は鰻が大好き

樺《かば》色《いろ》

樺とは山桜の一種の樺桜の樹皮。蒲穂の色の蒲色も同じ色。

C0 M72 Y80 K35

樺《かば》茶《ちゃ》

江戸好みの「茶」と組み合わせた樺色より暗い色。

C0 M72 Y80 K50

鰻といえば蒲焼き。その名前の由来は小ぶりの鰻を串刺しにして焼いたのが蒲の穂に似ていたから。古くは奈良時代、『風土記』、そして『万葉集』には「むなぎ」として登場し夏やせによいと書かれていました。

江戸時代、江戸には干拓によってできた湿地で、鰻がよくとれるようになり、安くて栄養満点の庶民の食材になりました。

現在のような蒲焼きとなったのは醤油、味醂、砂糖が普及し始めた江戸時代中期の18世紀です。白焼きにして蒸す関東風の蒲焼きは明治以降にできたものです。

蒲の穂
蒲は湿地に生え、高さ2mになり、葉は筵(むしろ)に編み、花穂はロウソクの代用にしました。

紅《べに》樺《かば》色《いろ》

紅がかった樺色。江戸時代の染色の解説書には紅柑子（べにこうじ）、紅鬱金と似た色と紹介されています。

C0 M85 Y66 K38

七十二

土潤溽暑《つちうるおうてむしあつし》

7月28日～8月1日頃

アスファルトから陽炎が立ち上り蒸し暑さもピークの頃。

暑さに加えて湿度の高さも日本の夏の特徴。昼間のアスファルト上の温度は50～60度にもなり、犬の散歩なんてとんでもない。この時期ご近所さんの散歩友だちに会うのは真夜中です。

雑節

土用《どよう》

7月20日

現在、土用というと立秋の前の夏の土用をさしますが、暦の上では立春、立夏、立秋、立冬前の18日間が土用。土用も節分も、季節の

江戸の錦　貝を集める女
池田輝方　明治時代　ホノルル美術館

火《か》裏《り》紅《こう》

透明感のある強い紅赤。火焔の芯をイメージさせる色。

C 0 M 90 Y 45 K 10

もう一つの夏の色、スイカ

スイカは、17世紀に隠元禅師が中国から持ってきたといわれますが、12世紀の『鳥獣戯画』に描かれていたり、16世紀にポルトガルから種が長崎に伝わったという記録があったりもします。

スイカが広まったのは江戸時代。「西瓜二切れで吉原見て帰り」は江戸時代の川柳。やることもお金もなく、道端で売っている西瓜を二切れ買ってかぶりつき、吉原を冷やかして帰るというもの。

ところで、この頃の西瓜にはあの縞模様はありませんでした。縞模様が表れるのは、何と昭和に入ってからのことなのです。

本日土用の丑の日

丹《たん》柄《がら》茶《ちゃ》

丹柄とは雄蛭木（おひるぎ）の樹皮。防腐効果があるので魚網に用いました。

C 0 M 50 Y 50 K 50

すいかもメロンも
野菜なのヨ

始めに合わせて本来は年に4回あるのです。

土用の間は、土を動かしたり穴を掘ったり、殺生は忌まれました。

土用の丑の日に鰻を食べるという習慣は江戸時代の博学平賀源内のアイデアで、店に貼った宣伝文句が元ということです。

丑の日に うのつくものを食べると夏バテしない
ネネ
いいアイデアでしょ
平賀源内

七十二

大雨時行《たいうときどきにふる》

8月2日〜7日頃

入道雲が降らす大粒の雨。低気圧がもたらす豪雨が降る頃。夏はまだまだピークですが台風も発生します。最近は海水温上昇のため発生場所が日本に近くなり、強い勢力のまま上陸することも多いようです。

夏を装うかさねの色目《いろめ》

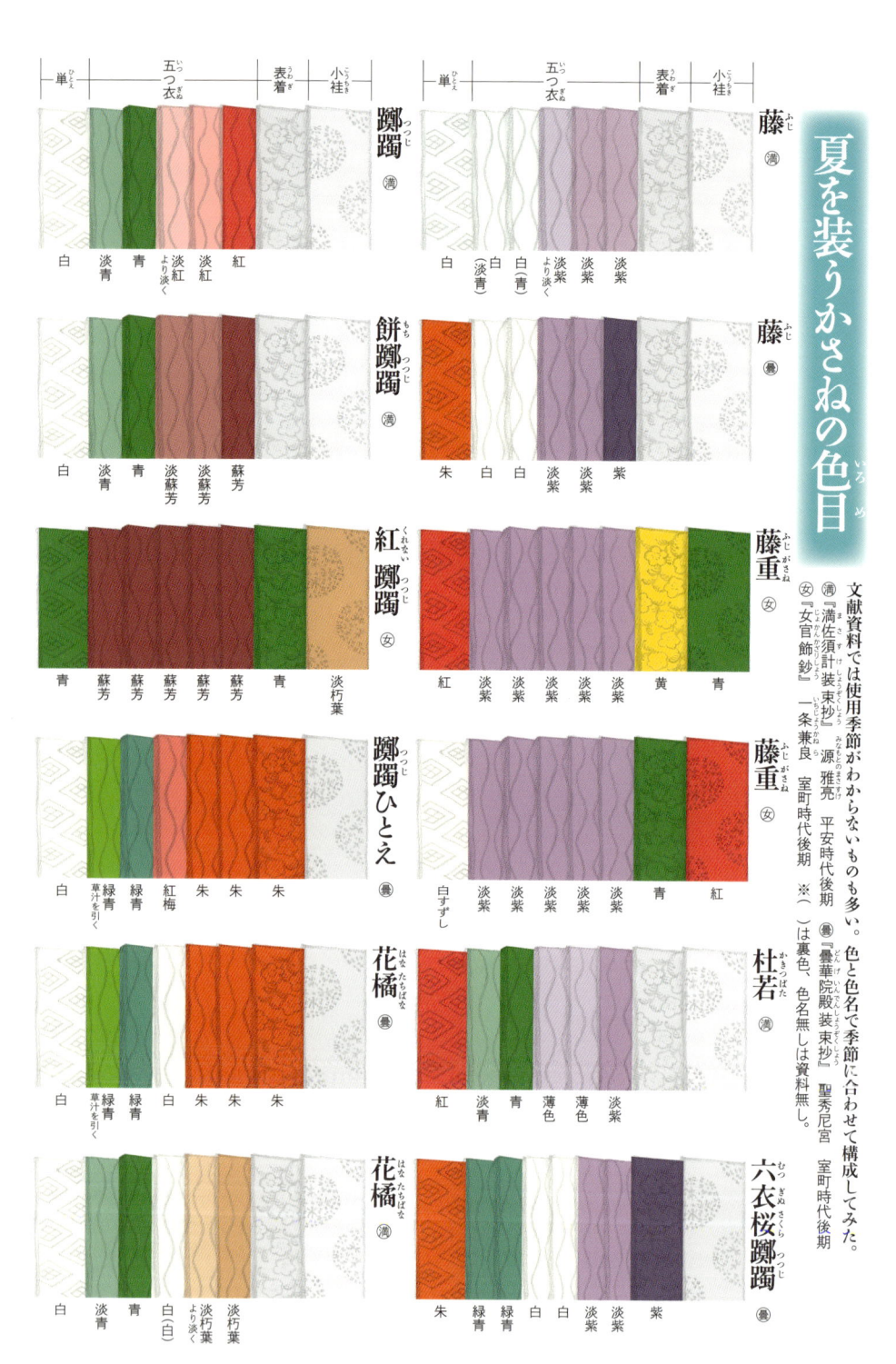

文献資料では使用季節がわからないものも多い。色と色名で季節に合わせて構成してみた。

(満)『満佐須計装束抄《まさすけしょうぞくしょう》』 源雅亮《みなもとのまさすけ》 平安時代後期 (畳)『曇華院殿装束抄《どんげいんでんしょうぞくしょう》』 聖秀尼宮 室町時代後期

(女)『女官飾鈔《じょかんかざりしょう》』 一条兼良《いちじょうかねら》 室町時代後期 ※( )は裏色、色名無しは資料無し。

単《ひとえ》 ― 五つ衣《いつぎぬ》 ― 表着《うわぎ》 ― 小袿《こうちき》

単《ひとえ》 ― 五つ衣《いつぎぬ》 ― 表着《うわぎ》 ― 小袿《こうちき》

藤《ふじ》 (満)

白　白(淡青)　白(青)　淡紫より淡く　淡紫　淡紫

藤《ふじ》 (畳)

朱　白　白　淡紫　淡紫　紫

藤重《ふじがさね》 (女)

紅　淡紫　淡紫　淡紫　淡紫　淡紫　黄　青

藤重《ふじがさね》 (女)

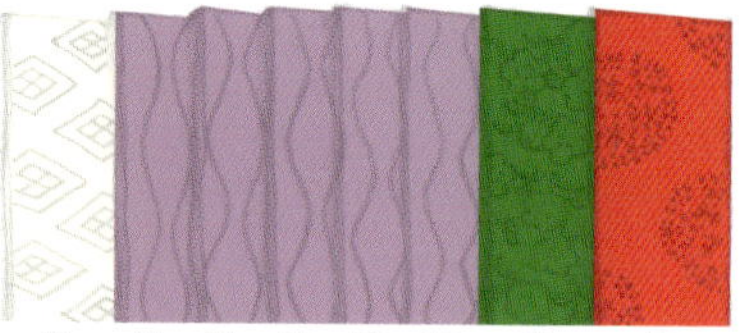

白すずし　淡紫　淡紫　淡紫　淡紫　淡紫　青　紅

杜若《かきつばた》 (満)

紅　淡青　青　薄色　薄色　淡紫

六衣《むつぎぬ》桜《さくら》躑躅《つつじ》 (畳)

朱　緑青　緑青　白　白　淡紫　淡紫　紫

躑躅《つつじ》 (満)

白　淡青　青　淡紅より淡く　淡紅　紅

餅《もち》躑躅《つつじ》 (満)

白　淡青　青　淡蘇芳　淡蘇芳　蘇芳

紅《くれない》躑躅《つつじ》 (女)

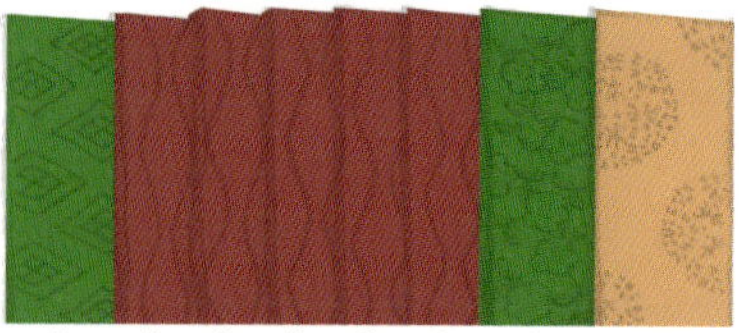

青　蘇芳　蘇芳　蘇芳　蘇芳　蘇芳　青　淡朽葉

躑躅《つつじ》ひとえ (畳)

白　緑青 草汁を引く　緑青　紅梅　朱　朱　朱

花橘《はなたちばな》 (畳)

白　緑青 草汁を引く　緑青　白　朱　朱　朱

花橘《はなたちばな》 (満)

白　淡青　青　白(白)　淡朽葉より淡く　淡朽葉

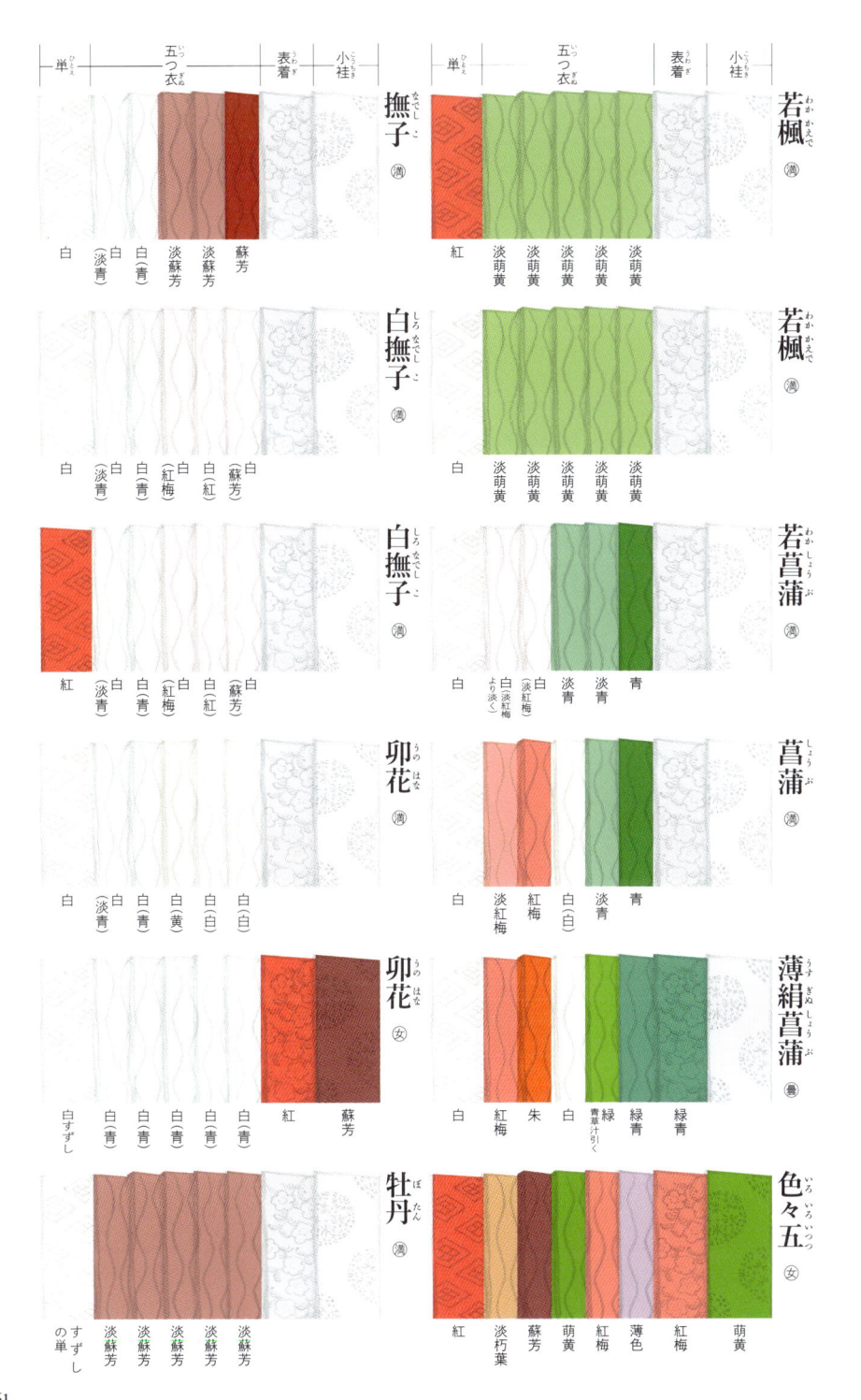

	単《ひとえ》	五《いつ》つ衣《ぎぬ》					表着《うわぎ》	小袿《こうちき》
若楓《わかかえで》 ㊟満	紅	淡萌黄	淡萌黄	淡萌黄	淡萌黄	淡萌黄		
若楓《わかかえで》 ㊟満	白	淡萌黄	淡萌黄	淡萌黄	淡萌黄	淡萌黄		
若菖蒲《わかしょうぶ》 ㊟満	白	白(淡紅梅より淡く)	白(淡紅梅)	淡青	淡青	青		
菖蒲《しょうぶ》 ㊟満	白	淡紅梅	紅梅	白(白)	淡青	青		
薄絹菖蒲《うすぎぬしょうぶ》 ㊟曩	白	紅梅	朱	白	緑 青草汁引く	緑青	緑青	
色々五《いろいろいつつ》 ㊛	紅	淡朽葉	蘇芳	萌黄	紅梅	薄色	紅梅	萌黄

	単《ひとえ》	五《いつ》つ衣《ぎぬ》					表着《うわぎ》	小袿《こうちき》
撫子《なでしこ》 ㊟満	白	白(淡青)	白(青)	淡蘇芳	淡蘇芳	蘇芳		
白撫子《しろなでしこ》 ㊟満	白	白(淡青)	白(青)	白(紅梅)	白(紅)	白(蘇芳)		
白撫子《しろなでしこ》 ㊟満	紅	白(淡青)	白(青)	白(紅梅)	白(紅)	白(蘇芳)		
卯花《うのはな》 ㊟満	白	白(淡青)	白(青)	白(黄)	白(白)	白(白)		
卯花《うのはな》 ㊛	白すずし	白(青)	白(青)	白(青)	白(青)	白(青)	紅	蘇芳
牡丹《ぼたん》 ㊟満	すずしの単	淡蘇芳	淡蘇芳	淡蘇芳	淡蘇芳	淡蘇芳		

秋

立秋《りっしゅう》

第37候　涼風《すずかぜ》至《いたる》　8月8日～12日頃

第38候　寒蝉《ひぐらし》鳴《なく》　8月13日～17日頃

第39候　蒙霧《ふかききり》升降《まとう》　8月18日～22日頃

処暑《しょしょ》

第40候　綿《わたの》柎《はなしべ》開《ひらく》　8月23日～27日頃

第41候　天地《てんち》始《はじめて》粛《さむし》　8月28日～9月2日頃

第42候　禾《こくもの》乃《すなわち》登《みのる》　9月3日～7日頃

白露《はくろ》

第43候　草露《くさのつゆ》白《しろし》　9月8日～12日頃

第44候　鶺鴒《せきれい》鳴《なく》　9月13日～17日頃

第45候　玄鳥《つばめ》去《さる》　9月18日～22日頃

秋分《しゅうぶん》

第46候　雷乃収声《かみなりすなわちこえをおさむ》　9月23日～27日頃

第47候　蟄虫培戸《むしかくれてとをふさぐ》　9月28日～10月2日頃

第48候　水始涸《みずはじめてかる》　10月3日～7日頃

寒露《かんろ》

第49候　鴻雁来《こうがんきたる》　10月8日～13日頃

第50候　菊花開《きくのはなひらく》　10月14日～18日頃

第51候　蟋蟀在戸《きりぎりすとにあり》　10月19日～23日頃

霜降《そうこう》

第52候　霜始降《しもはじめてふる》　10月24日～28日頃

第53候　霎時施《こさめときどきふる》　10月29日～11月2日頃

第54候　楓蔦黄《もみじつたきばむ》　11月3日～7日頃

秋の色
ものあはれを愛でながら秋の色の豊かさも味わいます

尾《お》花《ばな》色《いろ》

薄（すすき）の花穂の色。優しく、目立たない色ですが、平安人の心をとらえました。

C 0 M 6 Y 15 K 5

惚《ぼけ》色《いろ》

淡くくすんだ色。惚けるの「け」を「れ」にすると惚（ほ）れるになります。

C 0 M 20 Y 20 K 20

風になびくススキの穂

秋の野のおしなべたるをかしさは薄こそあれ。穂さきの蘇枋にいと濃きが、朝霧にぬれてうちなびきたるは、さばかりの物やはある。

『枕草子』六七段

秋の野の趣はススキに限るというわけですが、私もそう思います。子供の頃は、家のそばのあちこちに空き地があり、背より高く育ったススキの穂が波打っていました。それをたくさん束ねてその根元に秘密基地をつくったり

土器《かわらけ》色《いろ》

土器とは素焼きの陶器のこと。中世の狂言の文句「土器色の古袷（あわせ）」のように、古びて茶色くなった布の表現などに使われました。

C 0 M 36 Y 45 K 20

二十四

立秋《りっしゅう》

8月8日

暦の上では秋です。秋というにはまだ早いのですがこの日から、暑さを残暑といいます。残暑は秋暑ともいいます。

七十二

涼風《すずかぜ》至《いたる》

8月8日〜12日頃

翁茶《おきなちゃ》

老人の白髪のような茶色がかった、上品で穏やかな色。

C0 M13 Y13 K7

茅色《かやいろ》

茅・萱は血茅（ちがや）、菅（げ）、薄（すすき）などの総称。

C0 M15 Y40 K30

藁色《わらいろ》

稲の茎（藁）のような色。

C0 M9 Y35 K30

したものです。意味もなくススキの種をたくさん集めてしまうほど魅力的なのです。問題はその次です。

冬の末まで、かしらのいとしろくおほどれたるも知らず、むかし思ひ出顔に、風になびきてかひろぎ立てる、人にこそいみじう似たれ。

冬の末でも白い頭を風になびかせて、昔のきれいだった頃を懐かしんでいる姿は人に似ていると続くのです。

いるわよネー人間にも
あら、やーだ
ゆら〜
ゆら〜
これを読んで枕草子をきちんと読む気になった私でした。

えーそこまで言う…

暑さを運ぶ風が、涼を運ぶ風に変わる頃。

涼風といっても都会ではとても感じられない8月の初旬です。けれど朝や日暮れの後には熱風にまじって時々涼しい風が吹き始めます。同じ頃、空に鱗雲が見え、秋が確かに近づいていることを感じたりもするのです。

小さな秋が、空や町やどこかの片隅に隠れ始めています。

秋のピンクはクールな撫子の色

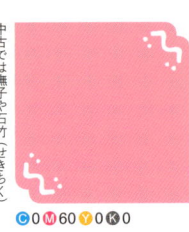

撫子《なでしこ》色《いろ》

中古では撫子や石竹（せきちく）の花の色がピンクの基調でした。

C0 M60 Y0 K0

泊夫藍《さふらん》色《いろ》

秋咲きの薄紫の花のものをサフラン、春先の黄色い花のものをクロッカスといいます。

C0 M35 Y0 K0

暦の季節と実際の季節のズレを感じ、暑さもこたえるなあと感じるこの頃に撫子は咲きます。

なでしこよ　河原に石の　やけるまで
上島鬼貫《うえしまおにつら》

鬼貫は「東の芭蕉、西の鬼貫」といわれた江戸時代の俳人。炎天下のなかで咲く撫子の姿が目に浮かびます。

草の花は　なでしこ、唐のはさらなり。大和《やまと》のもいとめでたし
『枕草子』六七段

撫子の色をととのへたる、唐の、大和の（中略）咲き乱れたる夕ばえ…
『源氏物語』「常夏」の帖

「常夏《とこなつ》」は撫子の古名でもあり夏の花として描かれています。

吾木香《われもこう》

茜草と紫草の根で染めた深みのある色。ワレモコウはバラ科の多年草。「吾亦紅」とも書く。色名ひとつでも奥深い想いが伝わってきます。
「吾も亦（また）紅なりとひそやかに」高浜虚子

C0 M70 Y53 K40

緋《ひ》色《いろ》

緋は火や日を表す「あか」と同じ意味でもあります。緋色は真緋、浅緋ともいい奈良時代には使われていた色名。

C0 M95 Y95 K10

七十二　寒蝉《ひぐらし》鳴《なく》　8月13日～17日頃

カナカナカナ…と夕暮れ時にヒグラシの声を聞く頃。
ヒグラシは夏の終わりだけではなく6月末から鳴いています。夕暮れ時だけでなく早朝にも鳴くそうですが、あの哀愁に満ちた鳴き声は、やはり晩夏の夕暮れのイメージにぴったりですね。

七十二　蒙霧《ふかききり》升降《まとう》　8月18日～22日頃

水蒸気が冷やされて霧が立ちこめる頃。
「暑さ寒さも彼岸まで」とはいい得たもので、どんなに暑い夏もお盆

なでしこは秋の七草に入れました
山上憶良

炎《ほのお》色《いろ》

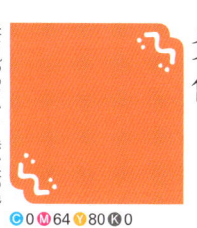

炎を見つめていると赤い炎の色と揺らめきが心を平らにします。ふっと昔や故郷を思い出したりもします。

C0 M64 Y80 K0

お盆の夜は、炎の色に包まれます

お盆は、正式には盂蘭盆《うらぼん》。祖先の霊を祀る仏教行事です。お盆の行事は、仏教伝来以前から祖先の霊を鎮める行事と、釈迦の弟子目蓮が7月15日に亡くなった母の供養をした結果、母の霊が救われたという仏教の故事が合わさったもの。

13日の夕方は迎え火。門口か玄関先に苧殻《おがら》(皮をむいた麻の茎)を折って重ね焙烙《ほうろく》にのせて火をつけます。この煙にのって先祖の霊が家に戻ってくるのです。

16日は送り火。同じ場所で苧殻を燃やし先祖の霊を送り出します。大文字さんでおなじみの京都五山の送り火は8月16日に行われます。

精霊馬《しょうりょううま》
来るときは馬で急いで
帰るときは牛でゆっくりと

京《きょう》緋《ひ》色《いろ》

京都で染める緋色は純度が高く上質とされ、憧れの色でした。

C0 M90 Y95 K0

をすぎたこの頃は朝夕涼しく感じられます。それまでのムッとしていた湿気は、秋めいた霧にかわります。

東山如意ヶ嶽
松ヶ崎西山
松ヶ崎東山
西賀茂船山
大北山
(左大文字)
曼荼羅山

8時に大文字に点火、最後の鳥居形は8時20分頃

実りの秋は豊かな色の秋でもあります

8月から秋にかけて果物の収穫のときです。桃、葡萄、無花果、梨、柘榴、胡桃、栗、柿、リンゴ、やや遅れて蜜柑とまさに実りの秋です。梨は登呂遺跡(弥生時代後期)で種が見つかっているほど、日本古来から親しまれてきました。

梨《な》子《し》色《いろ》

梨の表皮の色。

C0 M14 Y55 K35

黄葉《もみぢば》の　にほひは繁し
しかれども　妻梨の木を
手折りかざさむ
『万葉集』

胡桃《くるみ》色《いろ》

C0 M28 Y55 K35

くるみの樹皮や果皮、根で染めた色。胡桃色は平安時代には写経用の紙染に用いられました。

C0 M16 Y25 K10

向こうの黄葉《もみじば》は
美しく繁っていていいなあ
私は妻梨し(=独身)だから
梨の枝でも折ってながめる
しかないなあ

二十四
処暑《しょしょ》
8月23日

処は収まるという意味で暑さがやっと和らいでくる頃。初秋というにふさわしく朝夕は過ごしやすくなります。台風が発生し、日本に接近、上陸が気になります。

七十二
綿《わたの》柎《はなしべ》開《ひらく》
8月23日〜27日頃

夏から初秋にかけて綿の柔らかな花が咲く頃。綿は、ハイビスカスや立葵と同じアオイ科の植物です。夏に黄色の花を咲かせ、翌日にはしぼんでいます。柎とは萼《がく》のこと。フワフワの綿の実は種に生えた繊維です。

梨《なし》は無《なし》に
通じるところから
これをきらい
有《あり》の実と言ったり
するんです

梨ねえ。パッと
しない花だけど
有名なあの詩で
ホメてるから
そう悪くも
ないかも.
清少納言

ざくろの実
初夏に橙色の花を咲かせ、秋には実をつけます。外皮は明るい橙。ぱっくり割れた中の実は真っ赤。

日本では梨といえば美味しい果物を思い浮かべますが、中国では花を愛でました。楊貴妃の霊が泣く姿を春雨にぬれて梨の花が散る様子にみたてた詩があります。

梨《り》花《か》一《いっ》枝《し》春《はる》雨《さめを》帯《おぶ》

『長恨歌《ちょうごんか》』白居易《はっきょい》

ザクロを持つのは鬼子母神

昔、千人とも千五百人ともいわれるほど多くの子どもがいる夜叉の娘がいました。この女は人間の子どもをさらっては食べていました。子どもらの母に相談されたお釈迦様は女が一番かわいがっていた末っ子を隠してしまいます。子どもを奪われる悲しみを知った女は改心して、鬼子母神になりました。

柘榴《ざくろ》色《いろ》

C0 M68 Y90 K0

C0 M90 Y68 K20

柘榴の果実の色とも、花の色ともいわれます。柘榴はお釈迦様が子を食らう鬼子母神に、子の代わりに与えた果物です。

それから
子育ての神に
なったのネ.
鬼子母神の子供
には吉祥天
もいます.

梨園《りえん》

玄宗皇帝は芸術に造詣が深く、自らも音楽家を育てました。その場所が梨の木の庭園だったことから梨園の弟子と呼ばれ、歌舞伎界を梨園という由来にもなっています。

おまえも
悲しいだろ.
もう人間の子供じゃなく
ザクロを
食べなサイ
ザクロって
人間味が
するワー
え〜っ

蒲萄《えび》色《いろ》が海老《えび》色《いろ》に変身するまで

蒲萄《えび》色《いろ》

C20 M80 Y0 K60

「黒きみかつらを投げたまふ。これ即ち葡萄となる」（日本書紀）とあり、えびづるは古代の日本人にとって身近にありました。

葡萄《ぶどう》紫《むらさき》

C53 M70 Y0 K40

葡萄の実の色。

かつては葡萄色と書いて「えびいろ」と読みました。葡萄が大陸から入ってきたのは奈良時代の頃。それ以前日本には葡萄葛《えびかずら》（＝ヤマブドウ）がありました。奈良時代には「深《こき》、浅《あさき》」の2種がありました。その後、平安中期に編まれた『延喜式』の葡萄色は見本色（P23）の淡い紫で、古代の「浅《あさき》葡萄《えび》」と思われます。それが、江戸時代に入ると「海老」と混同され、赤みの紫となりました。

一方、葡萄《えび》色《いろ》は「ぶどういろ」と

お姫さまは
5さいになると
えび色の袴を
はきます。

これを着袴（ちゃっこ）の儀といいます。

葡萄《ぶどう》鼠《ねず》

C8 M30 Y0 K70

C45 M34 Y0 K60

葡萄色は古代では「えび色」といわれたので「えびねず」ともいわれます。色相は、紅みから紫まで幅広い。紫みの葡萄鼠は貴族鼠や源氏鼠とほぼ同じ色を指し、紫青みは桔梗鼠ともいわれます。

七十二

天地始粛《てんちはじめてさむし》

8月28日～9月2日頃

寒しとまでは感じられませんが、夏の終わりを感じる頃。暑さになれきった身体にはちょっと気温が下がった夜、鳥肌がたつほど寒く感じることがあります。

雑節

二百十日《にひゃくとおか》

9月1日

9月1日か2日。立春から数えて210日目です。八朔、二百二十日と3つ合わせて農家の三大厄日。稲の収穫を目前にした大切な時期なので、各地で豊作と風鎮めを祈

海老色《えびいろ》

伊勢エビの殻の色。

C0 M80 Y40 K50

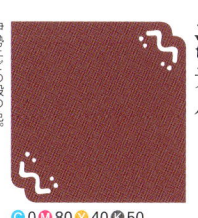

海老赤《えびあか》

茹でた伊勢エビの赤。「海老」は平安時代には山葡萄を指し、江戸末期に海老に変わります。

C0 M80 Y60 K30

紅海老茶《べにえびちゃ》

伝統色の「えび色」と江戸で流行の「茶」に「紅」を加えた色。色名は明治以降。

C0 M80 Y40 K60

呼ばれるようになり、江戸中期には海老色《えびいろ》と葡萄色《ぶどういろ》に分かれました。

野分《のわき》は台風の古名

『源氏物語』二八帖「野分」は今までになく大型の台風が都を襲い、そのお見舞いにあちこちの姫を訪ねる光源氏と息子夕霧。夕霧はドタバタの中、彼女「雲居《くもい》の雁《かり》」に歌を送ります。

風さわぎ　村雲まがふ夕べにも
忘るる間なく　忘られぬ君

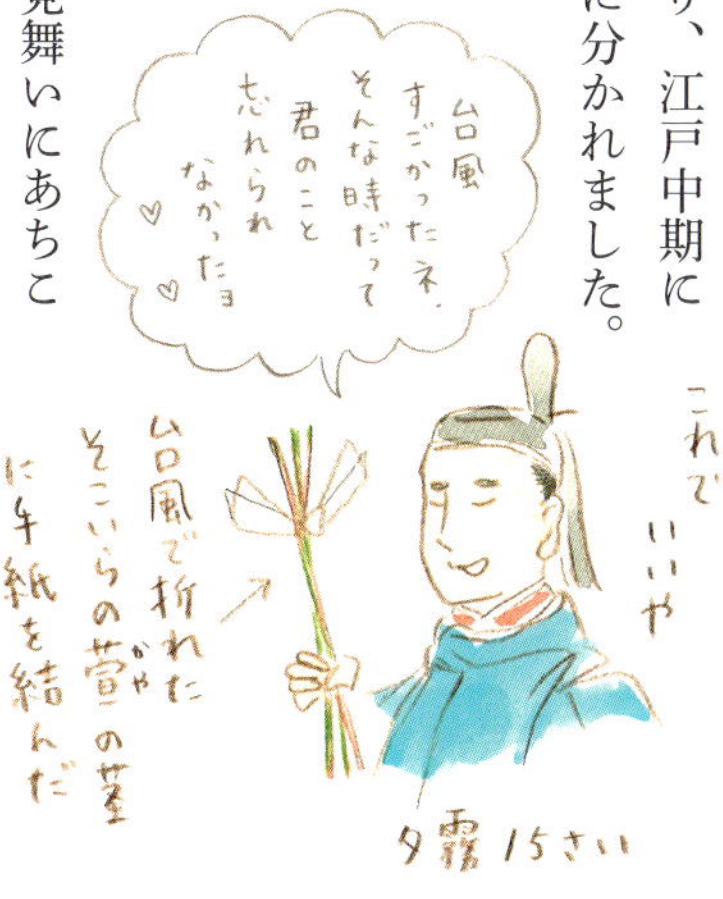

る祭りが行われます。

七十二 禾乃登《こくものすなわちみのる》

9月3日〜7日頃

稲穂が黄金色になり頭をたれる頃。日本では稲の生長による様々なシーンが季節を感じさせます。刈り入れも間近のこの頃、田んぼは黄金色一色に染まります。

同じイネ科の植物で粟の原種にエノコロ草があります。長くふさふさの穂が犬の尾に似ているところからイヌッコロクサ。これが変化してエノコログサとなりました。

秋の夜にほのかにのぼる青い月

月白《げっぱく》

淡い青みを含んだ白。「つきしろ」と読むと月が出るとき空が明るく白むこと。月代とも書きます。

C6 M2 Y0 K3

月は高いほど白く、低いほど黄色く見えます。

湿度が低くなって空気が澄みわたり、秋は最も月が美しく見える季節です。

月は高いほど白く、低いほど黄色く見え、地(水)平線近くでは赤く見えたりもします。光の波長の性質のためです。

朝爽（部分） 菊池契月 1937年 京都国立近代美術館
上品で静かな着物の色が朝の爽やかさを表しています。

中秋の名月は水辺で楽しむのが貴族風

お月見は、中国から伝わった観月の風習が、平安貴族の間で広まったのが始まりのようです。観月の宴は池に舟を浮かべ水面に揺らぐ月を愛で、歌を詠み、杯に月をうけてお酒を飲むなど、秋を楽しむ雅びなイベントでした。

蒼白色《そうはくしょく》

蒼白は青白いことをいいますが、特定の色ではなく青みがかった様子全般を指します。青白い月、青白い雲といえば青みがかった夜空に対して同系色の淡い青色。静謐で沈着な様子を表します。

C15 M4 Y0 K5

二十四

白露《はくろ》 9月8日

ひんやりとした朝、植物の先端に露が結ぶ頃。

昼間は残暑でまだ気温は高く、朝晩との温度差が大きいと露が出やすくなります。陰陽五行説で白は秋の色とされています。白い秋をペンネームにしたのは北原白秋。

白露や　死んでゆく日も　帯締めて
三橋鷹女

明治生まれの俳人53歳の句です。

七十二

草露白《くさのつゆしろし》 9月8日〜12日頃

空気が冷え、空気中の水蒸気が水の玉を葉先に結ぶ頃。

露といえば秋の季語。草露はすぐ

白《しろき》藍《あい》色《いろ》

藍染の淡い色。藍だけでなく黄色も加わり、少し緑がかった色。

C20 M0 Y8 K0

藍《あい》白《じろ》

藍染の最も淡い色。ほとんど白色に近く、白殺しともいいます。

C15 M0 Y4 K2

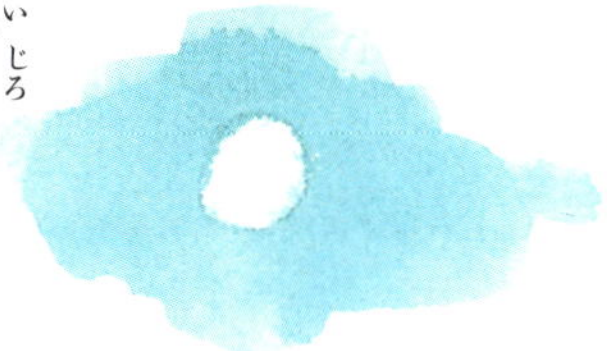

また、帝は上を仰ぐことはないとされ、月を見上げず、盆などに水を張って、そこに映った月を楽しんだそうです。江戸時代になると豊作祈願のお祭りに姿を変えて庶民に広まりました。ところで、旧暦8月15日ですが、必ずしも満月とは限らないのだそうです。

雲《くも》居《い》鼠《ねず》

雲居とは、雲のたなびく遥か遠く、すなわち宮中のこと。尊さを強調しています。

C0 M0 Y0 K10

魚《ぎょ》肚《と》白《はく》

魚の胃袋に似た青みがかった白。

C6 M0 Y0 K8

真《しん》珠《じゅ》色《いろ》

真珠は仄かな光を反射し、見る角度で紅や紫など様々に変化します。

C0 M1 Y3 K2

に消えるのではかなさを表します。

五節句

重《ちょう》陽《よう》の節《せっ》句《く》

9月9日

菊の節句。長寿を祝う節句。陰陽道では、奇数は陽。奇数の最大数9が重なるので重陽です。旧暦では菊の花盛りの頃。平安時代には菊花酒を飲む習慣がありました。現在は菊の節句はあまり行われませんが、九州で盛んなお祭り「くんち」は庶民に親しまれた呼び名の「御九日《おくんち》」が語源とされます。旧暦9月9日は新暦でひと月遅れの10月9日頃。

寄菊 鈴木春信 1769~70頃 ボストン美術館

不完全なものにこそ美を見出す

花は盛りに、
月は隅なきをのみ、
見るものかは

『徒然草』一三七段　吉田兼好

花も月も恋人もピークの時が一番美しいのは当然です。でも、花盛りや満月を見るときよりも、それを思うときのほうが美しさの神髄が見られるというものです

十五夜は、旧暦8月15日。中秋の名月。中秋とは秋のちょうど真ん中の日になります。仲秋と書くと意味が変わって旧暦の8月のことです。初秋7月、晩秋9月です。十四夜月《じゅうしやづき》は十五夜の前日。会いたい人(月)を待ちこがれて夜を過ごす待宵《まつよい》です。

待てど暮らせど来ぬ人を　宵待草の

淡黄蘗《うすきはだ》

明るいが、儚げな雰囲気の色。「船に居て青き水よりいづる月見しここちするうす黄の薔薇」与謝野晶子。暗い青の水平線から黄色い薔薇のように月が昇る。鮮やかな黄色ではなく、薄黄色の月が。

C0 M2 Y30 K5

満月は
欠けたところ
がなく
豊かさの
象徴です。
望月
ともいいます。

淡黄色《たんこうしょく》

優しく素直なイメージの色。

C0 M4 Y40 K0

青香《あおこう》

『栄華物語』に記された色名。平安時代の色。

C0 M2 Y20 K10

吉田兼好

七十二　鶺鴒鳴《せきれいなく》

9月13日～17日頃

セキレイが鳴く頃。セキレイは尾をピコピコ上下にふる仕草から石叩《いしたたき》、庭叩《にわたたき》という別名があります。また『日本書紀』には、セキレイが尾をふるのを見てイザナギとイザナミは正しいセックスの仕方を知ったとあるところから恋教鳥《こいおしえどり》、嫁教鳥《とつぎおしえどり》という名もあります。

ピタ
ピタ
ピ
ホレ
こんな
カンジ

イザナミちゃん
カワイイー

承和色《そが》《いろ》

平安初期の仁明天皇が好んだ黄色い菊の花の色。天皇治世の「承和（じょうわ）」から承和色。「じょうわ」がなまって「そが」になったともいわれます。

C0 M9 Y85 K0

夜空に
ぽっかり浮かぶ
レモンの月

檸檬色《れもん》《いろ》

レモンの表皮のような爽やかな色。やや青みを帯びた黄色。

C8 M0 Y95 K0

やるせなさ　今宵は月も出ぬさうな

は竹久夢二の「宵待草」です。十三夜《じゅうさんや》は、もう一日前ではなく旧暦9月13日の満月で「後《のち》の月《つき》」といわれます。十五夜と十三夜どちらかを見過ごすのは片観月《かたみづき》といって、縁起が良くないとされました。樋口一葉の『十三夜』。離婚を決意し実家に戻った主人公おせきでしたが、嫁ぎ先に戻ることに。その夜の帰り道に乗った人力車の車夫は幼い頃、恋心を抱いた録之助。そんな2人の心を、十三夜の月の光が淡く照らすのでした。十六夜《いざよい》は十五夜の次の日。いざようとは、ためらうという意味。十五夜より50分ほど遅い月の出が、月がためらって昇るようにみえるという訳です。

十六夜や　海老煮るほどの　宵の闇

芭蕉

ユーミンだって
十四番目の月が
いちばん
スキーと
歌っているでしょ
そーそー
会ってる時より
会いたいと思ってる
時の方が
純粋よネー

七十二

玄鳥去《つばめさる》

9月18日～22日頃

渡り鳥であるツバメが南の暖かい地方へ飛び立つ頃。ツバメのヒナが一人前の親鳥となる確立は13%。そして毎年同じ巣に戻ってくるといわれますが、平均寿命は1年半。長旅は一生のうちで2、3回だそうです。

月に兎がいるわけ

日本では、月には、向かい合って餅つきをしている兎がいるイメージですが、インドでは、神様が老人に変身して森にやって来たとき、動物たちは獲物や果物を持ってきましたが、兎はあげるものがありません。そこで、わが身を炎に投じて差し出したのでした。その後、神は、兎を月に住まわせることにしたといいます。

秋茄子は嫁に食わすな

茄子紺《なすこん》

茄子の実の表皮のような色。濃く染められた紺色で紫みが強くなった色。

C60 M80 Y0 K65

茄子納戸色《なすなんどいろ》

C45 M60 Y0 K50

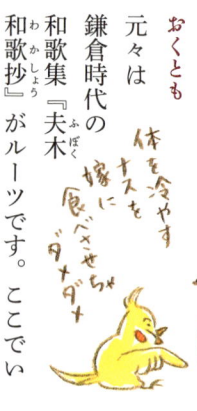

よく耳にすることわざですが、いまひとつ意味が釈然としません。秋茄子がいかなるものであるかで解釈もずいぶん変わってきます。

秋なすび、
わささの
粕につき
まぜて
よめにはくれじ
棚に
おくとも

おいしい
秋ナスを
嫁に食べさせて
なるものか
体を冷やす
ナスを
嫁に
食べさせちゃ
ダメダメ

元々は鎌倉時代の和歌集『夫木《ふぼく》和歌抄《わかしょう》』がルーツです。ここでいう嫁は「嫁が君」の略で、鼠をさす忌《い》み詞《ことば》です。元歌は「鼠に食べら

魁駒松梅桜曙微　三代目市川九蔵の正木の家来真吉　歌川芳幾　江戸時代　国立劇場
江戸の華は火事に喧嘩。何でも一番乗りがかっこ良かった。

紅掛花色《べにかけはないろ》

藍染の明るい青色に紅色を染め重ねると華やかなイメージが加わります。江戸時代の庶民的な人気色。

C45 M50 Y0 K30

二十四

秋分《しゅうぶん》

9月23日

太陽が真東から昇って真西へ沈む日。昼と夜の長さが等しくなる頃。この日から夜が一日一日と長くなっていきます。

雑節

彼岸《ひがん》(秋)

9月20日〜26日

秋分の日を真ん中に前後3日間がお彼岸。お萩をお供えして先祖を供養する日です。極楽浄土の地である彼岸にいる先祖のことを偲びます。仏教行事ではないのですが日本の風習として定着しました。

春の
牡丹餅は
こしあん
秋のお萩は
粒あん
えー
そうだったの

紫《むらさき》 式《しき》部《ぶ》

C20 M80 Y0 K40

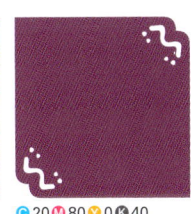

紫式部の実
クマツヅラ科の落葉樹。夏は淡紫色の小花をつけ、秋には紫色の実をつけます。別名実紫。

紫《し》苑《おん》色《いろ》

紫苑の花のような明るい紫。紫苑は秋に咲くキク科の植物。

C45 M45 Y0 K5

れないように気をつけて」くらいの意味のものが、おいしい茄子を嫁に食わせてなるものか、に変わっていったようです。わささ（早酒）は新酒のこと。

「惚け茄子」とは古くなってスが入り、表皮の紫色が変色してぼやけた茄子のことです。ぼんやりした人や間抜けをたとえたりします。

竜《りん》胆《どう》は竜の胆

竜胆は桔梗とともに秋を飾る代表的な花。竜胆の根はとても苦く、熊《くま》の胆《い》よりも苦いので、竜の胆のようだとなり竜胆とよばれるようになったといいます。

龍膽《りんだう》は、枝ざしなどもむつかしけれど、こと花どものみな霜枯れたるに、いとはなやかなる色あひにてさし出でたる、いとをかし。

『枕草子』六七段

竜《りん》胆《どう》色《いろ》

竜胆の花のような色。

C65 M59 Y0 K5

竜胆の花

他の花が
みんな枯れちゃっても
リンドウは
咲いていてくれて
いいのヨネー
清少納言

七十二

雷《かみなり》乃《すなわち》収《おさむ》声《こえを》

9月23日〜27日頃

夏に積乱雲と共に活躍した雷が発生しなくなる頃。

雷とは夏の季語。積乱雲とセットで発生します。秋の空、鱗雲や鰯雲には電気があまりたまらないため放電（これが雷）しなくてもいいのです。

雷が鳴っている時のおまじない「くわばら、くわばら」の桑原は京都の地名。菅原道真が太宰府に左遷され亡くなった後、怨霊となって京都のあちこちに雷を落とし人々を震え上がらせました。しかし、道真の領地だった桑原だけには雷は落ちなかったので、雷除けのおまじないとして唱えるようになったといいます。

くわばら
くわばら
お〜こわ
くわばら
くわばら
くわばら
くわばらって
唱えれば
いいのデス

秋の七草は色とりどり 目で見て楽しむ七草です

春の七草はお粥に入れて食べ、無病息災を願うものですが、秋の七草は見て楽しみます。山上憶良が『万葉集』の歌の中で詠み1300年後の今に至っています。

秋の野に咲きたる花を指折《およびお》り
かき数ふれば七種《ななくさ》の花
萩の花　尾花　葛花　瞿麦《なでしこ》の花
姫部志《をみなへし》　また藤袴　朝貌の花

萩は古来日本人が大好きな花。約4500首の『万葉

萩《はぎ》色《いろ》

萩の花の色。平安時代から女性の心をとらえ、秋の襲の色目になっています。

C0 M80 Y0 K5

萩の花

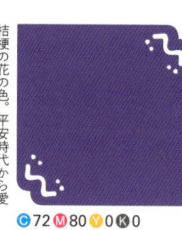

尾花

桔《き》梗《きょう》色《いろ》

C95 M83 Y0 K0

C72 M80 Y0 K0

桔梗の花の色。平安時代から愛されていた色名。「きちこう」とも呼ばれた。「紫のふっとふくらむ桔梗かな」正岡子規。

七十二

蟄虫培戸《むしかくれてとをふさぐ》

9月28日～10月2日頃

寒さに敏感な虫たちが冬を越す準備を始める頃。

七十二

水始涸《みずはじめてかる》

10月3日～7日頃

田んぼの水を流していよいよ稲刈りの季節。実った稲を守るのは案山子の役目です。昔は鳥獣の肉や皮、魚の頭などを焼いて串に刺して立てその悪臭を「嗅《か》がし」て鳥を追い払ったことが語源です。

オイラもどこかへ行きたいナ

本来、「女郎」とは身分のある女性のことで、敬語でもあるといいます。

女郎花《おみなえし》

透明感のある爽やかで涼しげな黄色。

C2 M0 Y90 K0

紅桔梗《べにききょう》

青紫の桔梗色に紅色を重ね染した色。

C45 M90 Y0 K10

集』の中で植物の歌は約1500首。その中で萩の歌は138首。続いて梅119首、松81首。桜は41首ですが、萩がつく色名は一つしか伝えられていません。

一方、桔梗とつく色名はとても多く、紫系の色の連綿と続く人気を物語っています。

女郎花

葛花

桔梗

桔梗納戸《ききょうなんど》

桔梗色を渋くした色。

C60 M45 Y0 K35

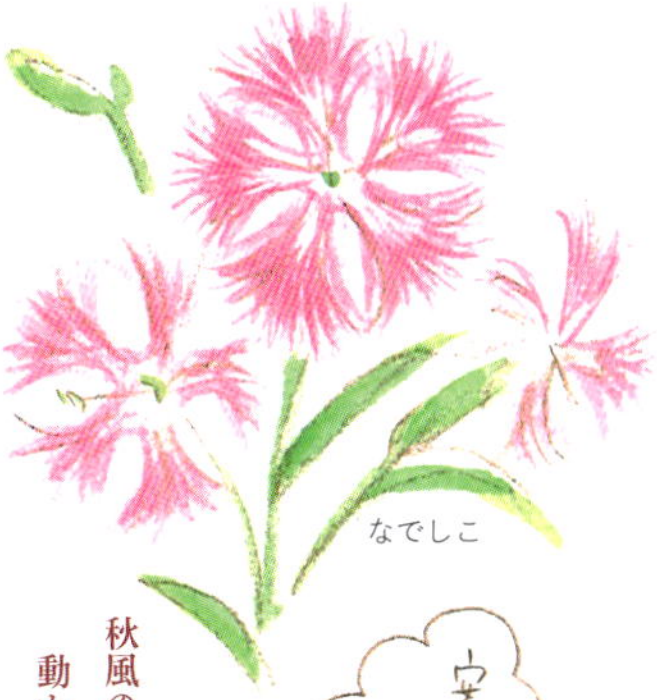

なでしこ

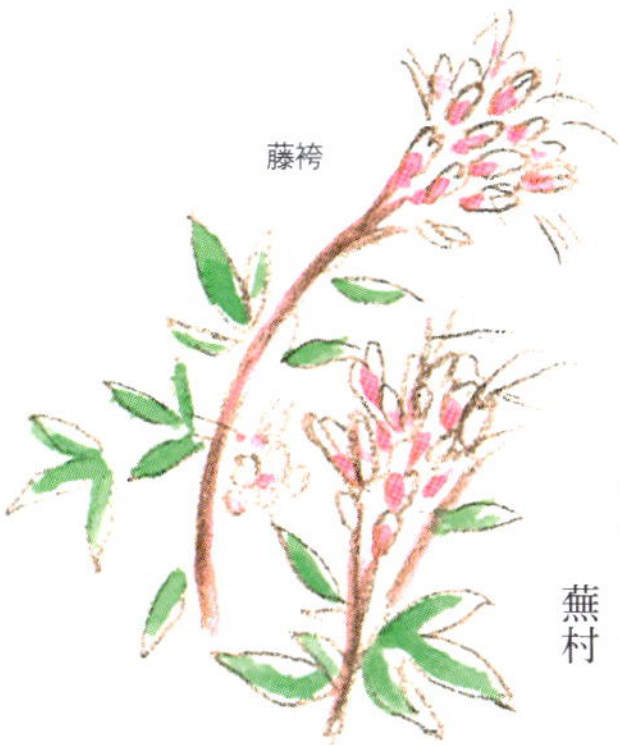

藤袴

秋風の
動かして行く
案山子かな
蕪村

秋の黄昏《たそがれ》時《どき》は短いけれど濃密な色

黄昏とは日没直後の夕焼けの色です。元は「誰《た》そ彼《かれ》」です。暗くて見えないけれどあなたは誰？という意味です。

秋は大気中の湿気が少なく空気が澄んでいるので夕焼けがとても鮮やかで美しいのです。

「秋の日は釣瓶《つるべ》落《お》とし」といわれるのは、天文学的にも理由があって、10月を過ぎると日が沈み始めてから沈みきるまでの時間が早まります。それに加えて、日が沈んだ後の残照、黄昏の時間も短いので、暗くなるのが早いという訳です。

茜色《あかねいろ》

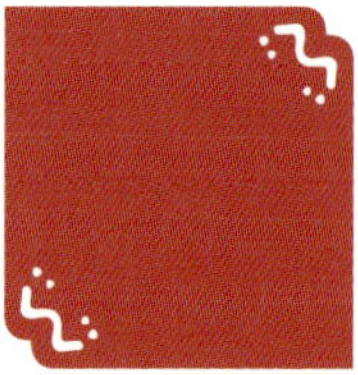

C0 M90 Y56 K25

「あかね」の語源は山野に自生していた蔓草の赤い根。「あかねさす」といえば、日の光で赤く色づく様子の形容であり、紫にかかる枕詞にもなっています。

纁《そひ》

C0 M45 Y50 K10

茜で染めた薄い緋色。古代からの伝統色。白鳳時代には赤白橡（あかしろつるばみ）と呼ばれ、文学上は「赤色」と書かれることが多いといいます。

たそがれは…
暗くて見えないけどあなたはだーれ

金木犀の花
秋には鮮やかな橙黄色の花を咲かせ、辺りを強い芳香で包みます。中国原産で漢名は丹桂。

二十四

寒露《かんろ》 10月8日

草の葉先に結んだ露も寒さがまして感じられる頃。

いつも通る道を歩いていると、どこからともなく甘い香りが漂ってきます。前方に目をやれば金木《きんもく》犀《せい》のオレンジ色に染まった地面がありました。金木犀は突然に香り始めるような気がします。

夜霧とも　木犀の香の　行方とも

中村汀女

三味線をひく女　竹久夢二　大正時代　夢二郷土美術館

金木犀《きんもくせい》の花をつけ込んだ桂花陳《けいふぁちん》酒《しゅ》を楊貴妃は愛したそうです。

七十二

鴻雁来《こうがんきたる》

10月8日～13日頃

ツバメが南に飛び去った後、雁が北から渡ってくる頃。

この頃に吹く風は雁と同じく北から吹くため「雁渡《かりわた》し」と呼ばれます。深まり行く秋を感じさせる風です。雁はV字型に隊列を組んで飛びます。前を飛ぶ鳥で風をたくみによけて体力の消耗を防ぎ、先頭が疲れたら次々と交代するそうです。

そろそろ代わってよー
アイヨー
すばらしいシステムね。

夕焼けには赤トンボが似合います

真《ま》赤《あか》

「空に真赤な雲のいろ。玻璃に真赤な酒のいろ。なんでこの身が悲しかろ。空に真赤な雲のいろ」北原白秋『空に真赤な』悲哀のような開き直りのような白秋の赤。

C0 M100 Y100 K0

緋《ひ》褪《さめ》色《いろ》

輝くように鮮やかな緋色を薄めると穏やかで優しい色が生まれます。

C0 M50 Y50 K10

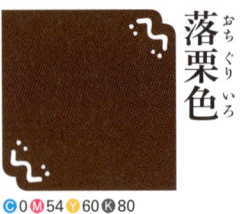

夕焼け空に赤とんぼ、ちょっと切ない秋のイメージです。日本は、古くは秋《あき》津《つ》島《しま》(州)と呼ばれました。秋津とはトンボの古名で、トンボがたくさん飛び、稲の実る豊かな国という意味が込められています。『日本書紀』には、日本の初代天皇神武天皇が秋津の「となめ」の如くにあるかなと、国見をしていわれたと書いてあり、ここから秋津島

落《おち》栗《ぐり》色《いろ》

平安中期からの色名。『源氏物語』にも登場します。

C0 M54 Y60 K80

七十二

菊《きくの》花《はな》開《ひらく》

10月14日〜18日頃

菊の花の咲き始める頃。平安時代の菊は大輪ではなく小菊でした。

菊といえば、お葬式や墓前に捧げられる花というイメージですが、これは西洋から入ってきた風習のようです。かつての日本には、菊を葬送の花とする習慣はありませんでした。

栗は秋の美味しいものの代名詞

栗は縄文時代の人々の主食だったそうで、縄文時代の三内丸山遺跡からも多くの栗が出土しています。平安時代になると京都の丹波で栽培されました。『延喜式』には、乾燥させて皮をむいた搗《かち》栗《ぐり》子や蒸して粉にした平《ひら》栗《ぐり》子などが登場します。

栗《くり》色《いろ》

栗の実の表皮のような色。江戸後期の色。栗の樹皮やイガに含まれるタンニン質で染める栗染ではありません。

C0 M50 Y50 K70

栗《くり》梅《うめ》

紅みのある栗色。江戸前期の「栗色の梅染」が略されたものといわれます。

C0 M60 Y45 K50

三代目市川八百蔵の田辺文蔵　東洲斎写楽　江戸時代　中右コレクション

といわれるようになったようです。「となめ」とはトンボの雌雄が交尾して尾をくわえあって輪になり飛ぶ様子です。

十三夜は10月の満月栗名月

十三夜のお月見は日本オリジナルの習慣です。九月の十五夜が中国から伝わったお月見行事なのに対して、日本風では、まず十五夜のお月見をして同じ場所で翌月十三夜のお月見をします。十三夜は栗や大豆をお供えするので「栗名月」「豆名月」とも呼ばれます。

十五夜は芋名月
十三夜は栗名月（豆名月）

栗《くり》鼠《ねずみ》色《いろ》

穏やかで温かみのある鼠色。

C0 M25 Y25 K65

栗《くり》梅《うめ》茶《ちゃ》

栗梅よりさらに濃く深い色。

C0 M40 Y40 K60

「瓜はめば子ども思ほゆ栗はめばまして偲（しぬ）ばゆ」『万葉集』山上憶良

岸根栗《がんねぐり》は山口県と広島県の境、その名も栗谷村でとれる大粒の栗。平安時代末期に平家の落人が栽培を始めたそうです。

七十二

蟋蟀在戸《きりぎりすとにあり》

10月19日～23日頃

キリギリスやコオロギ、鈴虫など秋の虫の声が聞こえる頃。日本人にとって虫の声は深まりゆく秋を感じる大切な音です。イソップ物語「アリとキリギリス」の話では、キリギリスは歌ってばかりで将来のことを考えない者となっています。働いて一生を終えるアリと人生を謳歌したキリギリス。どちらが幸せですかね。

ワシはアリとセミってのを書いたけどネ
へーじゃあキリギリスがノー天気っていうのはヌレギヌ…
イソップ

赤や黄色の段だら模様が山を埋め尽くします

紅葉《もみじ》色《いろ》

C0 M86 Y90 K5

この季節の言葉に「山装《やまよそお》う」があります。赤や黄色の紅葉で彩られた山々を表しています。『万葉集』では「黄葉」と書いて「もみぢ」と読ませています。中国には黄色になる楓が多かったため平安以前はその影響で黄葉と表されたのです。平安時代になるともみじは紅葉と表されました。

見る人も
なくて散りぬる
奥山の
紅葉は夜の
錦なりけり
『古今和歌集』紀貫之

濃《こい》紅葉《もみじ》

紅葉色に黒みが加わった強い赤。

C0 M95 Y100 K30

二十四

霜降《そうこう》

10月24日

秋も終盤。冷え込みが一段と増し早朝には霜が降りる頃。霜は山間部など高地に降りるものの、まだ、平野部では見られませんが、冬支度をそろそろ始める頃でもあります。霜とは空気中の水蒸気が夜の間に冷やされ氷の粒となって地面や植物につくもの。農作物にとっては大敵です。

赤《あか》朽《くち》葉《ば》

紅葉を連想させる鮮やかな色。渋い朽葉色とは別色。

C 0 M 71 Y 95 K 0

朽《くち》葉《ば》色《いろ》

C 0 M 31 Y 50 K 50

朽ちた落葉の色。平安時代中期からある伝統的な色名。

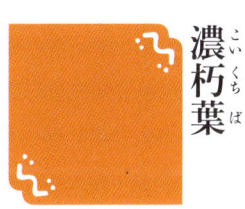

C 0 M 0 Y 100 K 45

紅葉の赤は日本の自然が産んだ美しさであり、それを目で楽しむ紅葉狩りも日本独特の風習です。

朽葉色は大好きな色

朽葉色には黄朽葉、青朽葉、濃朽《こきくち》葉《ば》、淡朽葉《うすくちば》などのバリエーションがありますが、どの色も中間調の穏やかな色です。季節から受け取る美意識に日本人らしい落ち着きがあります。

『枕草子』『源氏物語』『平家物語』にも登場する朽葉色は「朽葉四十八色」といわれるほどバリエーションが多いのです。江戸時代になると、朽葉系統の色は「○○茶」といわれるようになり、茶色の流行へと移っていきました。しかし、日本人好みの色は、名前を変えて今でも残っているのです。

濃《こい》朽《くち》葉《ば》

C 0 M 63 Y 100 K 10

淡《うす》朽《くち》葉《ば》

淡く明るい茶色は秋の枯野の侘しさを、鮮やかな橙色は秋の最後の時間を表します。

C 0 M 31 Y 50 K 10

黄《き》朽《くち》葉《ば》

くすみのある黄色みを帯びた色。

C 0 M 15 Y 60 K 50

紅花など
揉み出して
色を出すのが
揉み出づ
モミジに
なりました。

七十二

霜始降《しもはじめてふる》

10月24日～28日頃

霜は空気中の水分が氷となったものですが、霜柱は地中の水分が毛管現象により地表に上がる過程で柱状に凍ったものです。冬の季語。

柿の色は実りの象徴　鳥も狙ってます

柿《かき》色《いろ》

柿色は江戸の人々をひきつけ、二十種近くの色名を生んでいます。

C0 M68 Y90 K10

照《てり》柿《がき》色《いろ》

熟した柿の実の色。江戸中期からの色。

C0 M77 Y90 K25

柿くへば　鐘が鳴るなり　法隆寺

正岡子規

子規は一度に8個も食べるほどの柿好きで、どうしても柿をテーマにしたかったのだそうです。

少し前に夏目漱石のこんな句が新聞に掲載されていたとは驚きです。

鐘つけば　銀杏ちるなり　建長寺

夏目漱石

柿は実りの秋を代表する色として古代から私たちの生活に根付いて

花鳥十二ヶ月図　十月　柿に小禽図　酒井抱一　江戸時代　宮内庁三の丸尚蔵館

柿《かき》渋《しぶ》色《いろ》

山伏の装束は「柿の衣」と表現されます。中世の山伏が、防水、防腐効果がある柿渋を塗った布や紙を装束に使ったためです。

C0 M53 Y70 K40

柿《かき》兼《けん》房《ぼう》色《いろ》

柿色がかった憲法色（黒に近い茶色）。

C0 M56 Y90 K70

七十二

霎時施《こさめときどきふる》

10月29日～11月2日頃

降ったかと思うとすぐ止む時雨が去り行く秋を感じさせる頃。時雨とは降ったり止んだりする秋から冬にかけての雨のこと。もの悲しい雰囲気があります。

自嘲

うしろすがたの　しぐれてゆくか

山頭火

（笑い）
きっとオイラは
こっけいだろう＊ー
後ろ姿
時雨にまぎれて
消えゆくか・・・

遊女と禿図(部分)　歌川豊国　江戸時代中期

柿茶《かきちゃ》

茶色に含まれる黒みを半減させ、柿の実色に近づけた色。

C 0 M 68 Y 90 K 30

濃柿《こいがき》

濃厚な暗い橙色。

C 0 M 75 Y 100 K 40

きました。赤みの柿色は美しい色に見えたようです。

秋は新しいもの尽くし

新米は今年収穫したお米。瑞々しいご飯を口にしたとき、日本人で良かったと思える瞬間です。

新米も　まだ艸《くさ》の実の　匂ひ哉《かな》　　蕪村

「新そば」は、その年の秋にとれたそばの粉で打ったそば。「新豆腐」はやはり秋に収穫した大豆で作ったお豆腐で、秋の季語です。

洒落柿《しゃれがき》

江戸中期以降に流行した洗柿より明るい色。

C 0 M 26 Y 42 K 8

水柿《みずがき》

水色と柿色を染め重ねた色。色みが紅に近づいた優しい色。

C 0 M 40 Y 30 K 20

洗柿《あらいがき》

「洗い」とは色の薄いこと。江戸文化のおしゃれな表現。朱色には洗朱があります。

C 0 M 38 Y 50 K 5

しぐれといえばこの句が浮かびます

七十二

楓蔦黄《もみじつたきばむ》

11月3日〜7日頃

山の楓や蔦が色づく頃。楓「もみじ」には赤色になる「紅葉《こうよう》」と黄色くなる「黄葉《こうよう／おうよう》」、褐色になる「褐葉《かつよう》」があります。

秋を装うかさねの色目《いろめ》

文献資料では使用季節がわからないものも多い。色と色名で季節に合わせて構成してみた。
(満)『満佐須計装束抄《まさすけしょうぞくしょう》』 源雅亮《みなもとのまさすけ》 平安時代後期 (曇)『曇華院殿装束抄《どんげいんでんしょうぞくしょう》』 聖秀尼宮 室町時代後期
(女)『女官飾鈔《じょかんかざりしょう》』 一条兼良《いちじょうかねら》 室町時代後期 ※（ ）は裏色、色名無しは資料無し。

単《ひとえ》 | 五《いつ》つ衣《ぎぬ》 | 表着《うわぎ》 | 小袿《こうちき》

女郎花《おみなえし》 (満)

紅
女郎花
女郎花
女郎花
女郎花
女郎花

芒《すすき》（薄） (満)

白
淡青
青
淡蘇芳
淡蘇芳
蘇芳

龍膽《りんどう》 (曇)

朱
緑青
緑青
淡紫
淡紫
紫
紫

単《ひとえ》 | 五《いつ》つ衣《ぎぬ》 | 表着《うわぎ》 | 小袿《こうちき》

楓《かえで》紅葉《もみじ》（蝦手紅葉） (満)

蘇芳
紅
淡朽葉
黄
淡青
淡青

青《あお》紅葉《もみじ》 (満)

蘇芳
紅
淡朽葉
黄
淡青
青

捩《もじ》り紅葉《もみじ》 (満)

紅
紅
淡朽葉
黄
淡青
青

楓《かえで》紅葉《もみじ》 (曇)

朱
丹
丹
黄
緑青
緑青
緑青

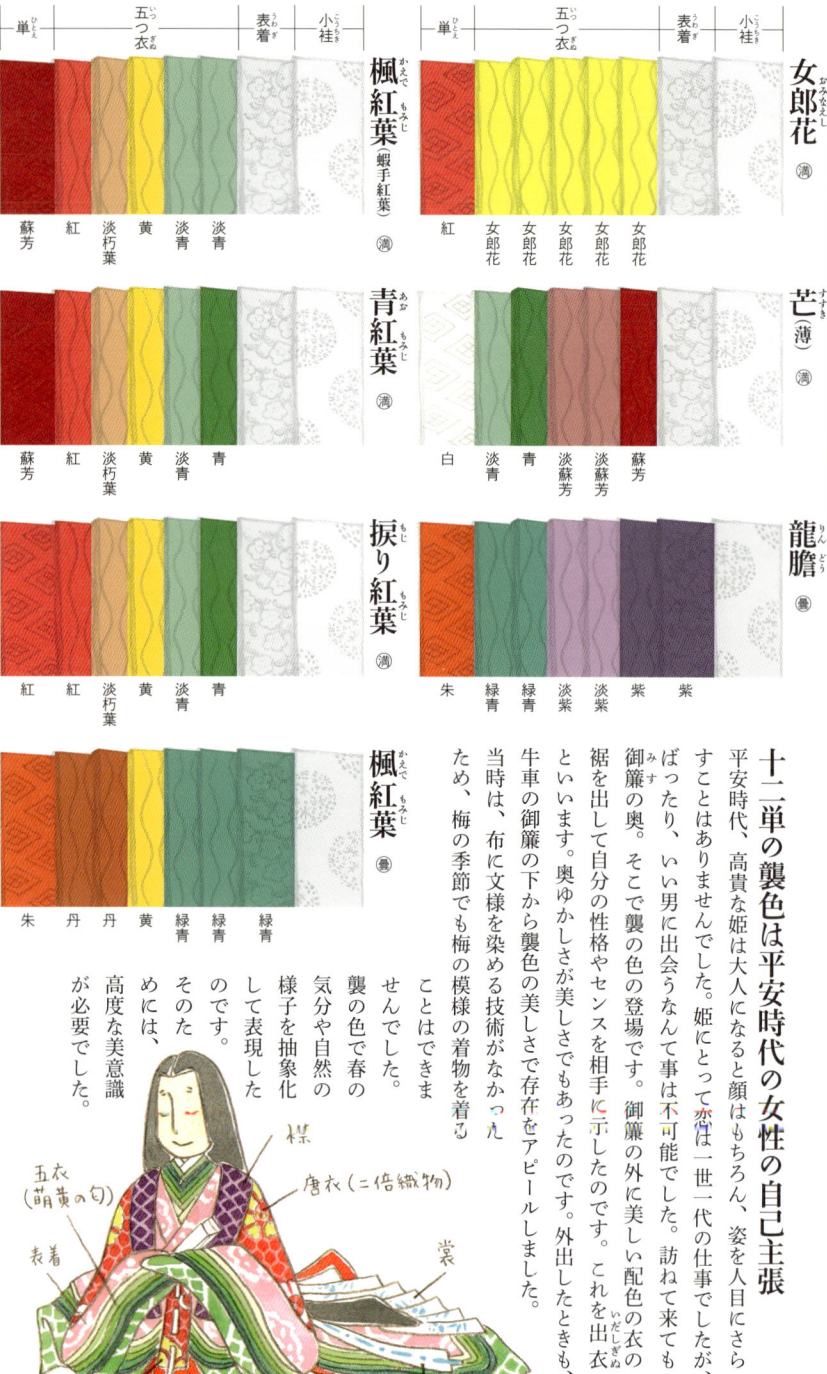

十二単の襲色は平安時代の女性の自己主張

平安時代、高貴な姫は大人になると顔はもちろん、姿を人目にさらすことはありませんでした。姫にとって恋は一世一代の仕事でしたが、ばったり、いい男に出会うなんて事は不可能でした。訪ねて来ても御簾《みす》の奥。そこで襲の色の登場です。御簾の外に美しい配色の衣の裾を出して自分の性格やセンスを相手に示したのです。これを出衣《いだしぎぬ》といいます。奥ゆかしさが美しさでもあったのです。外出したときも、牛車の御簾の下から襲色の美しさで存在をアピールしました。

当時は、布に文様を染める技術がなかったため、梅の季節でも梅の模様の着物を着ることはできませんでした。襲の色で春の気分や自然の様子を抽象化して表現したのです。そのためには、高度な美意識が必要でした。

襟
唐衣（二倍織物）
五衣
（萌黄の匂）
表着
裳
小腰
緋長袴
単
引腰

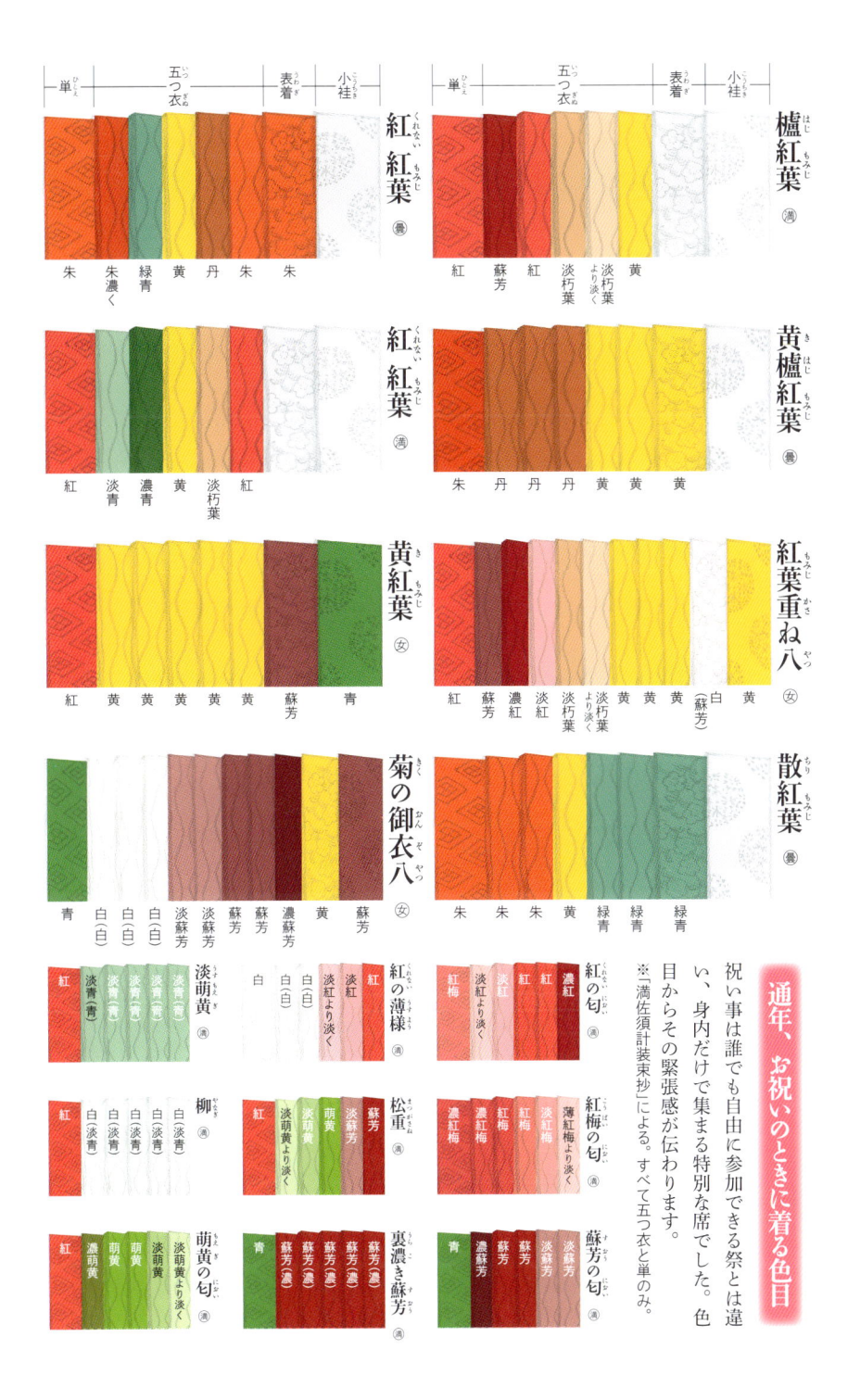

単《ひとえ》 ― 五《いつ》つ衣《ぎぬ》 ― 表着《うわぎ》 ― 小袿《こうちき》

櫨《はじ》紅葉《もみじ》 (満)

紅・蘇芳・紅・淡朽葉・淡朽葉より淡く・黄

単《ひとえ》 ― 五《いつ》つ衣《ぎぬ》 ― 表着《うわぎ》 ― 小袿《こうちき》

紅《くれない》紅葉《もみじ》 (疊)

朱・朱濃く・緑青・黄・丹・朱・朱

黄《き》櫨《はじ》紅葉《もみじ》 (疊)

朱・丹・丹・丹・黄・黄・黄

紅《くれない》紅葉《もみじ》 (満)

紅・淡青・濃青・黄・淡朽葉・紅

紅葉《もみじ》重《かさ》ね八《やつ》 (女)

紅・蘇芳・濃紅・淡紅・淡朽葉・淡朽葉より淡く・黄・黄・黄・白(蘇芳)・黄

黄《き》紅葉《もみじ》 (女)

紅・黄・黄・黄・黄・黄・蘇芳・青

散《ちり》紅葉《もみじ》 (疊)

朱・朱・朱・黄・緑青・緑青・緑青

菊《きく》の御衣《おんぞ》八《やつ》 (女)

青・白(白)・白(白)・白(白)・淡蘇芳・淡蘇芳・蘇芳・蘇芳・濃蘇芳・黄・蘇芳

通年、お祝いのときに着る色目

祝い事は誰でも自由に参加できる祭とは違い、身内だけで集まる特別な席でした。色目からその緊張感が伝わります。

※「満佐須計装束抄」による。すべて五つ衣と単のみ。

紅《くれない》の匂《におい》 (満)

紅梅・淡紅より淡く・淡紅・紅・紅・濃紅

紅梅《こうばい》の匂《におい》 (満)

濃紅梅・濃紅梅・紅梅・紅梅・淡紅梅・薄紅梅より淡く

蘇芳《すおう》の匂《におい》 (満)

青・濃蘇芳・蘇芳・蘇芳・淡蘇芳・淡蘇芳

紅《くれない》の薄様《うすよう》 (満)

白・白(白)・白(白)・淡紅より淡く・淡紅・紅

松重《まつがさね》 (満)

紅・淡萌黄より淡く・淡萌黄・萌黄・淡蘇芳・蘇芳

裏濃《うらこ》き蘇芳《すおう》 (満)

青・蘇芳(濃)・蘇芳(濃)・蘇芳(濃)・蘇芳(濃)・蘇芳(濃)

淡《うす》萌黄《もえぎ》 (満)

紅・淡青(青)・淡青(青)・淡青(青)・淡青(青)・淡青(青)

柳《やなぎ》 (満)

紅・白(淡青)・白(淡青)・白(淡青)・白(淡青)・白(淡青)

萌黄《もえぎ》の匂《におい》 (満)

紅・濃萌黄・萌黄・萌黄・淡萌黄・淡萌黄より淡く

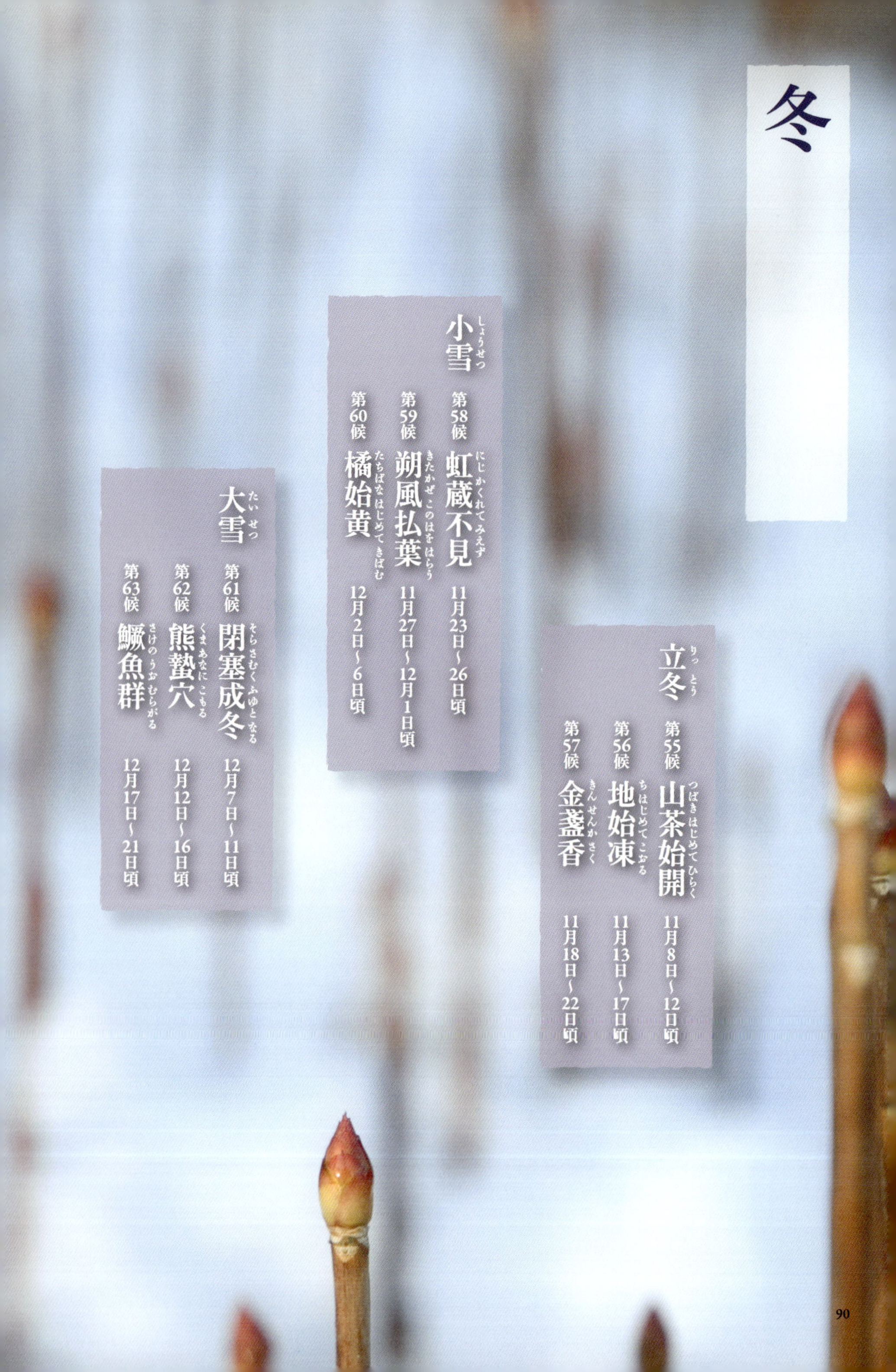

冬

立冬《りっとう》

第55候　山茶始開《つばきはじめてひらく》　11月8日～12日頃

第56候　地始凍《ちはじめてこおる》　11月13日～17日頃

第57候　金盞香《きんせんかさく》　11月18日～22日頃

小雪《しょうせつ》

第58候　虹蔵不見《にじかくれてみえず》　11月23日～26日頃

第59候　朔風払葉《きたかぜこのはをはらう》　11月27日～12月1日頃

第60候　橘始黄《たちばなはじめてきばむ》　12月2日～6日頃

大雪《たいせつ》

第61候　閉塞成冬《そらさむくふゆとなる》　12月7日～11日頃

第62候　熊蟄穴《くまあなにこもる》　12月12日～16日頃

第63候　鱖魚群《さけのうおむらがる》　12月17日～21日頃

冬至《とうじ》

第64候　乃東生《なつかれくさしょうず》　12月22日～26日頃

第65候　麋角解《さわしかのつのおつる》　12月27日～31日頃

第66候　雪下麦出《ゆきわたりてむぎいずる》　1月1日～5日頃

小寒《しょうかん》

第67候　芹乃栄《せりすなわちさかう》　1月6日～9日頃

第68候　水泉動《しみずあたたかをふくむ》　1月10日～14日頃

第69候　雉始鳴《きじはじめてなく》　1月15日～19日頃

大寒《だいかん》

第70候　款冬華《ふきのはなさく》　1月20日～24日頃

第71候　水沢腹堅《さわみずこおりつめる》　1月25日～29日頃

第72候　鶏始乳《にわとりはじめてとやにつく》　1月30日～2月3日頃

冬の色

静まりかえった季節に ぽつりと残された冬の色は美しい

紅柿色《べにかきいろ》

柿色が熟し色濃くなった渋い赤。

C0 M80 Y70 K20

鮮やかだった紅や黄色の葉は落ち葉となり、木の枝や幹がシルエットを現します。その寒々しい姿にポツンと赤い実。木守柿《こもりがき》です。来年もまた良く実りますようにと柿の実を全部とってしまわず一つ、二つ残しておくのです。そして鳥へのささやかな捧げものでもあります。心が和む冬の景色です。

晒柿《されがき》

木から落ちずに熟し、木晒しとなった柿の黄みの強い色。

C0 M40 Y80 K10

近衛柿《このえがき》

明るく、穏やかな柿色。近衛家は公家の頂点の五摂家の一つ。

C0 M43 Y68 K10

二十四

立冬《りっとう》

11月8日

暦の上では冬に入ります。冬の気配を感じ始めるこの頃に吹くのが木枯らし1号。冬型の西高東低の気圧配置のもとで吹く西北～北の風で風速8メートル以上の強風です。関東は10月半ばから11月末、関西は12月20日頃まで。ちなみに

これを 木守柿《こもりがき》 といいます。
きまもりがきとも

蜜柑色《みかんいろ》

蜜柑の表皮のような色。この場合の蜜柑は国産の温州蜜柑。温州蜜柑が普及したのは明治時代。色名も明治時代から。

C 0 M 52 Y 95 K 0

七五三も殺風景に色を添えます

11月15日が近くなると白粉に紅をさした着物姿の女の子や袴姿の男の子が目につきます。七五三は江戸時代に始まったとされますが、本来は子供の成長にともなう別の三つの儀式で、儀式自体は平安時代の頃からありました。

3歳で髪置《かみおき》の儀《ぎ》

生後7日に産毛を剃り、以降髪を剃っていますが、髪置の儀の後から男女とも髪を伸ばし始めます。

5歳で袴儀《はかまぎ》

男子が初めて袴をつけます。

7歳で帯解《おびとき》(紐落《ひもおとし》)の儀《ぎ》

子供の着物には紐がついていて、結ぶようになっています。女の子は、大人と同じように着物を帯で結ぶようになります。

蜜柑茶《みかんちゃ》

茶色は江戸時代の流行色ですが、この色は、大正時代の流行色。

C 0 M 50 Y 90 K 30

袋は
鶴と亀
松竹梅
おめでた
尽くし
寿
千歳あめ

椿という名前のついた色は伝えられていません。

木枯らし一号が宣言されるのは東京と大阪だけです。

七十二

山茶始開《つばきはじめてひらく》

11月8日～12日頃

他の花が散った後、山茶花の花が咲き始める頃。

山茶と書いて「つばき」とは。中国ではツバキ科のものを山茶《しゃんちゃ》、その花を山茶花とよんだのです。日本ではサザンカとツバキが混同されて山茶花が当てられたという説があります。

サザンカ
サザンカ
咲いたみちー
焚き火だ
焚き火だ
落ち葉たきー
焚き火って
見なくなり
ましたネー。

ぽっとり落ち椿の描く色模様

花の少ない冬に目をひくのは椿の赤。雪景色にもはえそうですね。椿は日本原産で7世紀に小野妹子が隋に献上した記録があります（隋書）。

花ごとに散る姿が、首が落とされたように見える、と武士たちに嫌われたといいますが、これは、幕末から明治にかけて言われた根拠のない噂のようです。

落ち椿の風情を愛でるのは、やはり日本人的感性です。

紅絹《もみ》

鬱金などで黄色に染めた後、紅花で染めた色。「もみ」の名は紅花を包んだ袋を揉んで出色したため。江戸時代には蘇芳で代用しました。

C0 M82 Y51 K15

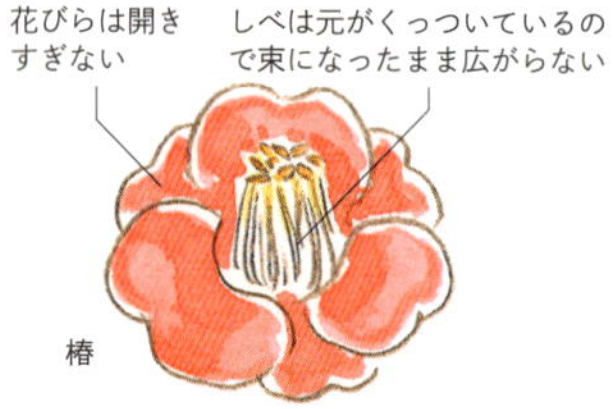

花びらは開きすぎない
しべは元がくっついているので束になったまま広がらない

椿

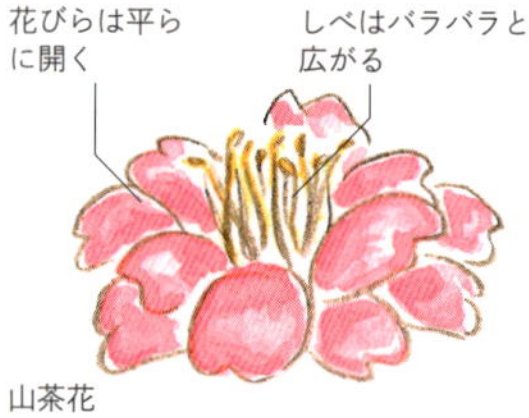

花びらは平らに開く
しべはバラバラと広がる

山茶花

真紅《しんく》

本物の紅花で染めた濃い紅色。

C0 M100 Y63 K35

名樹散椿　速水御舟
1929年　山種美術館

この絵の椿はぽっとりと散っていません

七十二

地始凍《ちはじめてこおる》

11月13日〜17日頃

寒さもじわじわ感じ夜の冷え込みによって地面が凍る頃。

11月中旬（旧暦10月12日）は松尾芭蕉の命日（元禄7年10月12日）芭蕉忌です。翁忌、桃青忌、時雨忌ともいいます。芭蕉忌は冬の季語にもなっていて、この日は俳句大会が開かれます。

笠にぽっとり椿だった
山頭火
そうです、花ごと落ちるのが椿ですが。

ポルトガル語で
椿は
ジャポネイラ
日本から来た
という意味です。

シャネル

カメリアシリーズ

速水御舟作「名樹散椿」は京都の地蔵院、別名椿寺の椿（豊臣秀吉が献木）が描かれています。描かれた当時は樹齢400年の老木でしたが、現在の椿は2代目で樹齢は100年。御舟の見た400年にはまだまだ遠いのですが。

シャネルが愛した椿

『椿姫』の主人公は高級娼婦。椿をいつも身につけていたのでその名がつきました。花の大好きだったシャネルが最も愛した花の一つが椿です。椿はカメリア。シャネルのブランドにカメリアというシリーズがあることでも納得です。ココの生涯最愛の恋人であるアーサー・カペルが彼女に最初に贈った花が椿だったそうです。

鬱金《うこん》

鬱金草の根からとれる染料で染めた色。カレーの色としても、知られています。

C0 M19 Y95 K0

品種改良でいろいろできたの

ニホンズイセンの原産地は地中海沿岸です。

秋深き　隣は何を　する人ぞ

の句を詠んだ翌日、芭蕉は突然の病で床に伏し、2週間ほどで亡くなります。病の中、最終に詠んだ句です。

旅に病んで　夢は枯野を　かけ廻る

旅に病んで
夢は枯野を
かけ廻る…
病中吟

七十二

金盞香《きんせんかさく》

11月18日～22日頃

金盞は水仙の別名。水仙の花が香をたずさえ咲く頃。金盞銀台《きんせんぎんだい》とは水仙の花のことです。金の杯が銀の花びらを台にしてのっている様子。この時期から咲いて正月を飾る花です。

風流七小町　楚登和小町
菊川英山　江戸時代　北九州市立美術館

渓流を背に カワセミの翡翠色の輝き

翠色《すいしょく》

翡翠は「カワセミ」とも読みます。雄を翡、雌を翠といいます。カワセミの羽色は緑青や紫がかった青色まで幅広い。

C100 M0 Y63 K30

東都時名画帖　蓮に翡翠図
岡田関林　江戸後期
二五名余の画家が競作して二冊の画帳に収録しました。

冬の鳥カワセミは玉虫色に光る青が特徴的です。漢字では翡翠と書きます。美しく輝く鳥は渓流の宝石と呼ばれます。

カワセミの名の由来は青土《そに》。川に棲むセミが語源で、セミは青土《そに》が変化した言葉です。昔は「そにどり」ともいわれました。緑と青の区別がなかった時代、「そにどり青き御衣」『古事記』とあり、カワセミ色の青は緑色を意識した言葉と想像できます。そにどりの「にどり」が緑《みどり》に変化したという説もあります。その名と姿から日本画家の心をとらえ、伊藤若冲、安田靫彦、土田麦僊ら多くの画家のモチーフとなっています。

真《ま》鴨《がも》色《いろ》

雄の真鴨の頭から頬にかけて光る青緑。

C100 M0 Y63 K25

築図屏風　伊藤若冲　江戸時代　エツコ&ジョー・プライスコレクション
カワセミは雀より少し大きいくらいの鳥。羽色が美しく川蝉とも書きます。古名は鴗(そにどり)

新幹線500系はカワセミのくちばしをデザインしたもの。
背中 緑みの美しい青
お腹は鮮やかなオレンジ色
JR500

孔雀緑《くじゃくりょく》

孔雀石の粉末で染めた色。非常に高価です。

C100 M0 Y63 K15

牡丹孔雀図　円山応挙　江戸時代　宮内庁三の丸尚蔵館

季節だからって
順々と進むって
ことはないの。
生老病死も
自然と同じ。
順々にはいかないネー
吉田兼好

翡翠の　掠《かす》めし水の　みだれのみ
中村汀女

カワセミの動きは、文字通り、目にもとまらぬ素早さです。

寒さも小休止
穏やかな小春日和

旧暦の10月は別名小春。新暦では11月にあたります。この時期、移動性高気圧がもたらすぽかぽか陽気のことを小春日和といいます。

これってどんな
意味
ですか？

十月は
小春の天気、
草も青くなり
梅も蕾みぬ
『徒然草』一五五段

琅玕色《ろうかんいろ》

琅玕（半透明の翡翠）のような深い半透明の青みがかった緑色。

C60 M0 Y60 K30

玉虫色《たまむしいろ》

玉虫の羽は光の具合によって複雑な色に輝き、工芸品などに使われました。

C100 M0 Y88 K60

葉緑色《ようりょくしょく》

緑色といえば葉色のこと。葉と緑を重ね、緑みを強調した色名です。

C68 M0 Y90 K50

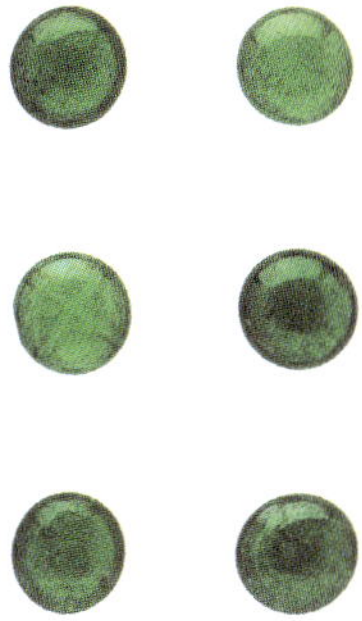

緑瑠璃双六子　正倉院

二十四

小雪《しょうせつ》

11月23日

高い山々の頂きに雪が降り始め、北国からも雪便りが届けられる頃。

小雪や　古りしだれたる　糸桜
飯田蛇笏

糸桜はしだれ桜の別名。

七十二

虹蔵不見《にじかくれてみえず》

11月23日～26日頃

陽射しも弱くなり虹を見ることがなくなる頃。

古代中国では虹を竜の一種と考えていたといいます。竜は水を操ることができる神獣だからです。春の清明の候の「虹始見」と対照の関係です。

自然の造形の中に無機的な線のコントラスト

常磐《ときわ》色《いろ》

C100 M0 Y100 K50

C68 M0 Y100 K30

松などの葉のように変わることのない緑の美称。永遠不滅、不老長寿のシンボルとしての神聖な色。

北国では雪の準備が始まります。雪の重さで枝が折れてしまわないように縄で枝を吊って補強する雪吊りも行われます。放射状に張られた縄の直線と枝ぶりの有機的な曲線の対比が放つ美しさは格別です。ここに雪が降るとモノトーンの世界と線のアクセントによって独特の美しい世界が展開されます。金沢、兼六園の名樹「唐崎松」は5本の芯柱に800本の縄を使った雪釣りは特に見事です。

松島図屏風　尾形光琳　江戸時代　ボストン美術館

七十二

朔風《きたかぜ》払葉《このはをはらう》

11月27日～12月1日頃

冷たさを増した北風が木に残された枯れ葉を吹き飛ばす頃。朔風とは、この頃の北風、木枯らしのことです。木枯らしといえば木枯らし紋次郎。群馬県上州《じょうしゅう》新田《にった》郡《ごおり》三日月村出身。上州名物はかかあ天下と空っ風。ここからのネーミングです。ちなみに三日月村には紋次郎テーマパークがあります。

他の女房は
ちょっと
カチンと
きてるカモ

千歳緑《せんざいみどり》

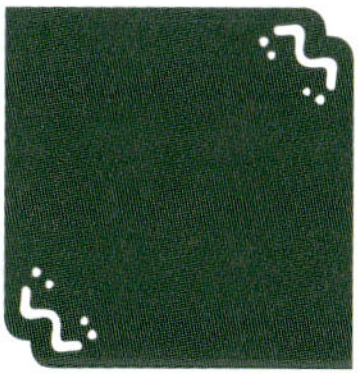

千歳とは長い年月を強調する言葉。

C70 M0 Y70 K70

松葉色《まつばいろ》

松の葉の色。平安時代からの色名。長寿と不変のシンボル。

C60 M0 Y80 K50

雪景色は御簾を上げて見たいのです

簾を上げる美人画というテーマ。これは、『枕草子』二九九段「香炉峰の雪」に由来する絵なのです。ある大雪の日、御簾をおろして火を囲んでおしゃべりをしている女房たちに主人の中宮定子が「少納言よ、香炉峰の雪はどうかしら」と謎掛けをします。賢い少納言はすかさずその意を汲みとり、御簾を上げます。これは「香炉峰の雪は簾をかかげて見る」という白居易の詩を知らなければ出来ないことでした。

雪月花　上村松園　1937年
宮内庁三の丸尚蔵館

松葉鼠《まつばねず》

江戸時代、黄緑がかった灰色は利休鼠や深川鼠など多くの色調がつくられました。松葉鼠はその中でも渋い色。

C23 M0 Y30 K70

ホレ
文化勲章は
橘がモチーフ

七十二

橘始黄《たちばなはじめてきばむ》

12月2日～6日頃

橘の実が黄色く色づく頃。
深緑の中の黄色が目をひきます。

　橘は日本古来の柑橘類で、唯一の野生種です。実よりも花や常緑樹の葉が愛でられました。

　日本書紀、古事記には非時香木実（時《とき》じくの香《か》の木《き》の実《み》）という不老不死の霊薬として橘の実が登場します。目出たいものとして京都御所には右近橘、左近桜が対に植えられています。

鉛色の空をバックに舞う真白い雪

雪色《せっしょく》

雪の白は単純な白ではなく、紫や紅みがかった様々な色に見えます。

C6 M3 Y0 K8

銀白色《ぎんはくしょく》

銀は見る角度で、いぶし銀のような深い灰色から真白な「しろがね」色にも見えます。

C0 M0 Y0 K8

冬の色というと雪の白、鈍い空の色、すっかり葉の落ちた木立の黒。

東海道五十三次　蒲原　歌川広重　江戸時代　三菱東京ＵＦＪ銀行貨幣資料館

銀色《ぎんいろ》

C5 M3 Y0 K40

燻銀《いぶしぎん》

燻された銀の光沢をなくした色。日本人の寂を貴ぶ美意識が表れています。

C5 M3 Y0 K60

銀灰色《ぎんかいしょく》

銀色の明るさは、白色に近いかなり明るい範囲まで表します。

C3 M2 Y0 K15

二十四

大雪《たいせつ》

12月7日

本格的な冬はこれから。雪の降る地方では雪が積もり始める頃。シベリア寒気団いわゆる冬将軍が南下して冬の日本海側には大雪が降ります。街の青空に風花がちらついたりもします。

七十二

閉塞成冬《そらさむくふゆとなる》

12月7日〜11日頃

鉛色の空が明るさを打ち消して寒々しくなる頃。世界が塞がって冬になる重いイメージですね。

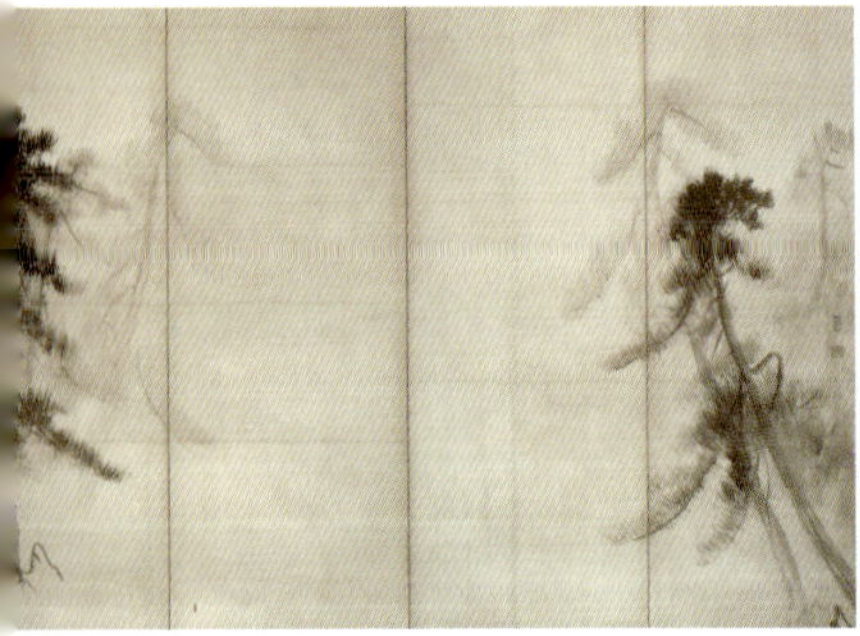

註文帖　鏑木清方　1927年　鎌倉市鏑木清方記念美術館

薄《うす》墨《ずみ》色《いろ》

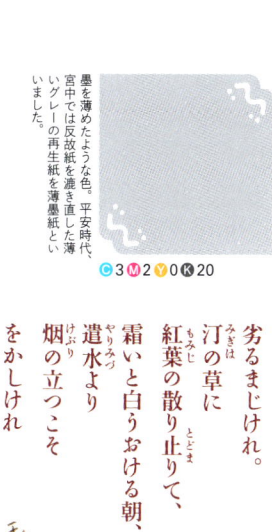

墨を薄めたような色。平安時代、宮中では反故紙を漉き直した薄いグレーの再生紙を薄墨紙といいました。

C3 M2 Y0 K20

モノトーンの世界です。アクセントになる色は見当たりませんが、音もなく降り積もる雪の静謐で美しい光景があります。水墨画の世界です。吉田兼好は春、夏の次に秋をとばして冬について語り、秋よりもよい景色とつづっています。

さて、

冬枯のけしきこそ、
秋にはをさをさ
劣るまじけれ。
汀《みぎは》の草に
紅葉《もみじ》の散り止《とど》まりて、
霜いと白うおける朝、
遣水《やりみづ》より
烟《けぶり》の立つこそ
をかしけれ

『徒然草』第十九段
「折節の移り変るこそ」

だれもかれも秋秋って言うけど
私は冬の枯れた景色が好きなの
汀《みぎわ》は水辺のこと。
庭の池の岸辺
遣水《やりみず》は
細い水路で
庭に流れる
小川です。
いぶし銀ネ
兼好さん
吉田兼好

冬の水面
枯れ葉が水面に浮かび又は沈み、深くて渋いトーンを生み出しています。兼好の好んだ冬の色彩。

松林図屏風　長谷川等伯　安土桃山時代　東京国立博物館

積もり積もった煤の色は一年間の時の色

煤色《すすいろ》

煙の煤が柱や壁板に染みついた色。

C0 M20 Y40 K70

煤竹色《すすたけいろ》

煤けて古くなった竹の色。江戸時代、羽織、単物などに大流行したといいます。廓の遊客の服や帯の色として軽妙洒脱な粋ぶりを表していました。

C0 M35 Y70 K70

日本では正月に年神《としがみ》さまが訪れます。年神は来方神で、穀物神でもあり、先祖の霊でもあるのです。門松《かどまつ》は依代《よりしろ》。神の降りてくる場所、神の宿る場所。注連縄《しめなわ》で聖域をつくって神の場所を示し、鏡餅をお供えしてもてなします。

門松も
しめ縄も
鏡餅も
年神さまの
おもてなし

お正月を迎えるための準備を始めるのが「事始め」。神社ではこの日、煤払《すすはら》いをして年神さま祀る準備をします。かつては旧暦12月8日でしたが、江戸時代に12月13日の吉日に決まり、現在の新暦12月13日

柳煤竹《やなぎすすたけ》

元禄期に人気の煤竹色のバリエーション。

C18 M0 Y70 K70

藤煤竹《ふじすすたけ》

藤色も煤竹色も江戸で人気の色。

C30 M27 Y0 K70

内記煤竹《ないきすすたけ》

上品で落ち着いた色。内記は宮中の記録を担当した官名

C0 M20 Y40 K38

七十二

熊蟄穴《くまあなにこもる》

12月12日～16日頃

熊が冬眠の準備を始める頃。

冬眠中は食事をとらないのでドングリなどをたくさん食べておきます。冬眠中に妊娠、出産するメスの熊は穴の中で赤ちゃん熊を育て、子熊がひとりで動けるようになってから穴からでてくるので、オスより半月ほど長く冬眠しています。

動物園の
クマは
冬眠しない
んだって
だって
冬でも
ごちそう
あるし～

七十二

鱖魚群《さけのうおむらがる》

12月17日～21日頃

海で育った鮭が産卵のため川に群がってのぼってくる頃。

鮭の一生は川で産まれ、3月から5月にかけて海にくだり、回遊しながら2～6年過ごし、産まれ故郷の川に戻って産卵。その後、力

お弟子さんから
たくさんの
鏡餅が
届けられ
ます

来年も
おたの
申します。

おきばりやす

橙色《だいだいいろ》

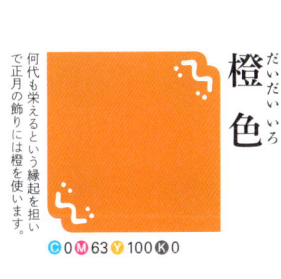

何代も栄えるという縁起を担いで正月の飾りには橙を使います。

C 0 M 63 Y 100 K 0

に引き継いでいます。

また、正月の年神さまのお飾りを取り払う日2月8日を「事納め」といい、12月8日、2月8日両日合わせて事八日《ことようか》といいます。

農耕の神様に対する事納めは全ての作業を終える日、12月8日で、事始めは2月8日です。京都祇園では12月13日、芸妓、舞妓さんが芸事の御師匠さんに挨拶をする伝統が残っています。挨拶のお返しに、ご祝儀や舞扇をいただきます。旧家ではこの日からお歳暮を届けました。

おことうさんどす

年末の
決まり文句
お事多さん
いろいろやる事
多いわネ

鮭色《さけいろ》

鮭の身の色。乾物にした鮭の色は乾鮭色（からさけいろ）といい、一段濃い色。

C 0 M 45 Y 45 K 0

塩鮭と鼠
葛飾北斎
1834～39頃
葛飾北斎美術館

つきて死にます。この郷帰りを回帰性といい、なぜ故郷に帰って来るのかは解明されていません。

歳の市から羽子板市へ

都内最古のお寺東京浅草寺、毎月18日は観音様の御縁日。12月の18日は納め観音で江戸時代にはお正月用品の買い物客でとても賑わいました。この歳の市の名残りをとどめるのが現在の羽子板市です。

黒い玉は
無患子《むくろじ》
という木の種

歌舞伎役者の
押絵が人気に
なったのは
江戸後期

柚、福寿草、臘梅《ろうばい》の黄色は春の先ぶれ

冬至は昼の一番短い日。太陽の力が最も弱まる日です。でも物は考えよう。冬至を境に明日からまた陽の力が甦ってくるのです。冬至のことを「一陽来復《いちようらいふく》」ともいうのはこのためです。古代中国では、この日を節目として新年の始まりの日としました。

日本ではこの日、南瓜や小豆粥を食べ、柚湯に入る習慣があります。寒さが本格化する時ですから栄養を取り入れ、体を温めることが目的ですね。柚の黄色がポカンポカンと湯船に浮かぶ様子に、気持ちもほぐされます。

小豆粥を食べるのは、小豆の赤には邪気を祓う力があると考えられていたからです。

刈《かり》安《やす》色《いろ》

刈安草で染めた色。刈安は素手でもちぎれるほど刈り易く、染め易かったので庶民の着物に使われました。

C0 M0 Y90 K4

少し緑みがかった色。刈安色は黄色系の色名では最も古く、奈良時代の古文書『正倉院文書』に既に登場しています。

C0 M0 Y95 K20

藤《とう》黄《おう》

『正倉院文書』にある「同黄」と同色。藤黄は東南アジア原産の常緑高木。日本画の絵具に用います。

C0 M9 Y90 K5

黄《き》蘗《はだ》色《いろ》

黄蘗の内皮の煎汁で染めた色。防虫効果があるので古くから写経用の紙に使われていたといいます。

C0 M7 Y95 K10

二十四

冬至《とうじ》

12月22日

1年で太陽が最も低く、最も夜が長く昼が短い日。この日から徐々に日中が長くなります。この日、かぼちゃ（＝南京《なんきん》）を食べるのは「ん」のつくものを食べて運がつくようにということです。「運盛り」といいます。冬至を意味する「一陽来復」は悪い事が続いた後、良い事に転じるときに使う言葉にもなっています。

ん
のつくもの
な〜んだ
なんきん
にんじん
かんてん
ぎんなん
うんどん
きんかん
れんこん
7つ食べると運がつく！

花《はな》欸冬《つわぶき》

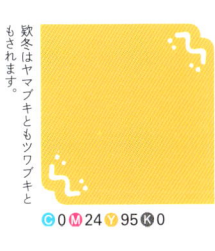

欸冬はヤマブキともツワブキともされます。

C0 M24 Y95 K0

福寿草は寒さのためか茎がのびずに黄色の花がポンポンと咲きます。別名元日草《がんじつそう》、朔日草《ついたちそう》と呼ばれ、お正月を飾る花とされます。臘梅の透き通った黄色もこの時期の色。香のよいのが特徴です。旧暦12月(臘月《ろうげつ》)に咲くところからこの名がついています。

福寿草
雪の白と湿った土の濃い茶色に福寿草の黄色がうれしい。

福《ふく》寿《じゅ》茶《ちゃ》

福寿草の花びらを支える苞葉(ほうよう)の色。

C0 M5 Y90 K60

南瓜といえばコレでしょう。
仲よき事は美しき哉

カンボジアからやって来た南瓜《かぼちゃ》

南瓜が初めて日本に来たのは16世紀。カンボジアに寄港したポルトガル船によって伝えられました。当時はカンボジアがなまってカンボチャ、カボチャと呼ばれました。南瓜の原産地は中南米メキシコ、グアテマラです。現在主流の西洋南瓜は19世紀にアメリカから伝わりました。

南瓜いくつ描いたかな〜
武者小路実篤

七十二

乃東生《なつかれくさしょうず》

12月22日〜26日頃

他の植物が枯れていく中で、夏枯草が芽吹く頃。夏枯草《かこそう》とは靫草《うつぼぐさ》のこと。冬に芽を出し夏に枯れます。

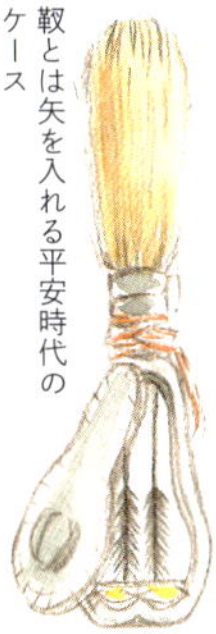

靫とは矢を入れる平安時代のケース

大晦日闇夜ふるわす除夜の鐘
神も仏も年末年始

大晦日は一年最後の日で、古い年を除くので除日《じょじつ》ともいわれ、その夜は除夜《じょや》です。除夜の鐘は、人間の煩悩の数百八つ鐘をつけば凡人も悟りが開けるという仏教の教えです。お正月にかかせない鏡餅や注連縄《しめなわ》飾《かざ》りは年神さまをお迎えする用意です。

「しめ」には神さまのしめる場所という意味があるそうです。

除夜の鐘をきいたら、年始の初詣は地元の神社にお参りへ。

年末年始は、仏さまと神さまが渾然となっていたりもしますが、これも八百万の神さまを受け入れる

当世好物八契けん酒（部分）　溪斎英泉　江戸時代
黒紋付の深川芸者。

黒《くろ》

最古の色名の一つ。最も暗い色の総称。語源は暗い、暮れるという説が多いです。

C30 M30 Y30 K100

黒鼠《くろねず》

黒色といってもよい色でも鼠色としての違いを言い分けました。

C20 M20 Y20 K92

薄黒《うすぐろ》

穏やかさのある黒。色みが少し弱まるだけでも、印象はかなり和らぎます。

C20 M20 Y20 K75

七十二
麋角解《さわしかのつのおつる》
12月27日～31日頃

オスの鹿の角が抜け、新しい角が生えてくる頃。

鹿の角はかなり立派ですが、一年ごとに生えかわります。

古い角が抜けた後、春に新しい角が生え始めます。生え始めの角はベルベットのような毛が生えた皮に被われて、柔らかく、袋角《ふくろづの》と呼ばれます。

秋には皮がはがれ、骨化し太く大きく成長し、オス鹿のシンボルとなります。

奈良では秋に鹿の角切りをして神

和暖（部分）　竹内栖鳳　大正時代　宮内庁三の丸尚蔵館

鶴《つる》の黒《くろ》羽《ば》色《いろ》

丹頂鶴の胸から背にかけての濃い灰色のグラデーションは頭部の赤と対比して印象的。

C 35 M 26 Y 0 K 78

蕎麦《そば》切《きり》色《いろ》

橙みのある明るい灰色。穏やかな色。蕎麦切りとは蕎麦のこと。蕎麦の実の皮をとらずに挽いた粉は藪蕎麦。皮をとった白い粉は更級蕎麦。

C 0 M 5 Y 14 K 14

日本的な感性です。

ただひとり　風の音聞く　大晦日

フーテンの寅さんこと渥美清の句です。

大晦日には年越し蕎麦を食べる

12月31日に蕎麦を食べる習慣は比較的新しく、もしかすると明治以降に定着したものなのかもしれません。

以前から、商家では月末の忙しいときに蕎麦を食べる晦日蕎麦という習慣がありました。

江戸時代までは2月3日の節分に蕎麦を食べ、これを年越し蕎麦と呼んでいたようです。

狐《きつね》色《いろ》

狐の毛のような色。中世からの色名。日本には動物に由来する色名は少ないが、狐はお稲荷神の使いとして親しまれています。

C 0 M 45 Y 90 K 25

名所江戸百景王子装束榎の木(部分)　歌川広重　江戸時代　フィラデルフィア美術館

前に供えます。

七十二

雪下《ゆきわたりて》麦《むぎ》出《いずる》

1月1日～5日頃

積もった雪の下で麦の芽が出る頃。雪に被われていても、その下では春の気配がひっそりと漂い始めています。

狐火が王子稲荷に初詣

東京王子には毎年大晦日になると榎の大木(装束榎)の下に全国から狐火が集まり、装束を整えると、提灯か松明の火のように列をつくって王子稲荷神社に初詣にでかけたといいます。

追々に　狐集まる　除夜の鐘　子規

この
榎の木に
集まった
狐たち
これから
初詣に
出発

新しい年は初日の出の朱で明けます

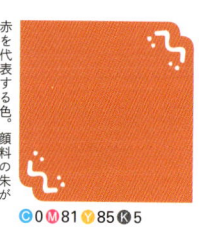

朱《しゅ》色《いろ》

赤を代表する色。顔料の朱が色名として使われます。朱色は古代より権威の象徴。鳥居の色、印鑑に使う朱肉の色です。

C0 M81 Y85 K5

新しい年の始まりとはいつでしょう。それは、暦により変わってきました。月の動きによって決めた旧暦の正月は1月22日～2月19日あたりの朔月（新月）の日。旧正月は中華圏では春節《しゅんせつ》といって新暦の正月以上に華やかに祝います。もっと古くは冬至の次の日を年の始まりとしました。陰陽道の考え方を元に、陽の力が最も弱まる冬

十二か月花鳥図　酒井抱一　江戸時代
エッコ&ジョー・プライスコレクション

赤《あか》

日本最古の色名の一つ。明(アケ、アカ)が語源とされています。

C0 M100 Y100 K0

C0 M95 Y83 K5

二十四

小《しょう》寒《かん》

1月6日

この日から節分までが一年で最も寒い時期で、小寒は寒の入り。小寒と大寒を合わせた寒の内の間にだすのが寒中見舞いです。寒の入りから9日目に降る雨を「寒九の雨」といいます。1月の中旬ですね。寒九の雨に凶作なしと言い伝えられています。「寒九の水」は同じく9日目が一年で一番水の澄む日とされ、この日に汲んだ水は腐らないといわれ酒造りに珍重されます。

五節句

人《じん》日《じつ》の節《せっ》句《く》

1月7日

七草粥の日（上段参照）。

七十二

芹《せり》乃《すなわち》栄《さかう》

1月6日～9日頃

芹が田んぼの畦道に群生して生える頃。芹という名は一

至を境に陽の力が増していく初めの日を新年としたのです。

すずな

ごぎょう
すずしろ

はこべら

春の七草の七草粥は胃腸をいたわります

1月7日は五節句の一つ、人日《じんじつ》の節句です。この日に七草粥を食べる習慣は平安時代の記録にありますが、七種の穀物でつくられた、という別の記録もあります。

せり

ほとけのざ

なずな

銀朱《ぎんしゅ》

朱肉の鮮やかな赤。銀朱は天然の朱砂に水銀と硫黄を混ぜたものを焼いてつくった朱色の顔料。現在、朱色というと銀朱の色。

C 0 M 86 Y 95 K 5

丹色《にいろ》

丹(に/たん)は、もともとは「赤い土」の意味で、幅広い赤を指します。赤は「魔除け、祈願」の色でもあるので神社仏閣の柱や梁は丹塗りのものが多いです。

C 0 M 68 Y 80 K 20

せり鍋

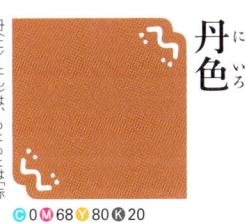

カ所に競って生えるのが由来だそうです。三つ葉と似ていますが芹は左右に2枚の葉がでます。別名シロネグサといい、実は白い根っこが美味しいのですよ。香と歯触りを楽しむ仙台のせり鍋はむしろ根っこが命の鍋です。

銀座のとあるおそば屋さん、冬のメニューにせりそばがあります。
せりそばネ根付きで
通は根付きを注文

竹梅双鶴図 伊藤若冲 江戸時代 エツコ&ジョー・プライスコレクション

みんな揃って年をとるお正月

小豆色《あずきいろ》

小豆の実の色。小豆は『古事記』にもでてきますが、色名は江戸中期からです。

Ⓒ0 Ⓜ60 Ⓨ30 Ⓚ50

小豆《あずき》鼠《ねず》

赤みがかった灰色。

「夜会結に淡紫のリボン飾して、小豆鼠の縮緬の羽織を着たる」尾崎紅葉『金色夜叉』

Ⓒ0 Ⓜ30 Ⓨ15 Ⓚ50

誕生日を迎えれば一つ年をとります。でも、昔は、お正月を迎えるごとに年をとったのです。数え年といって、生まれたとき1歳、その後、新年で一つ年をとりました。つまりお正月は誕生日でもあったのです。お正月の新しい着物やご馳走には誕生日祝いの意味もあったのです。現在でも、七五三、七十七歳(喜寿)、八十八歳(米寿)など、数え年で行う伝統行事があります。

七十二

水泉動《しみずあたたかをふくむ》

1月10日～14日頃

寒さのまっただ中ですが、地中の凍った泉が動き出す頃。目にうつる景色は寒々としていますが、見えない地中では春に向けて動き始めています。

鏡《かがみ》開《びら》き

1月11日。

鏡開きは武家の風習でした。お供えしていたお餅は手で割ったり木槌で砕きます。刃物で切ると切腹を連想させるので、包丁などは使わないのです。

小正月《こしょうがつ》

小正月とは1月15日のこと。旧暦で新年初の満月の日です。元旦から7日は大正月です。

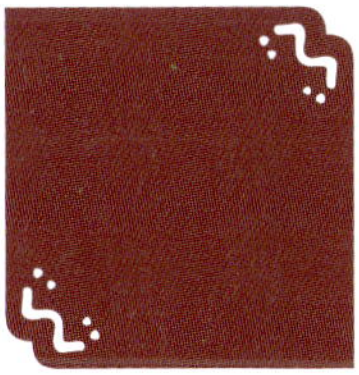

小豆茶《あずきちゃ》

C0 M90 Y68 K60

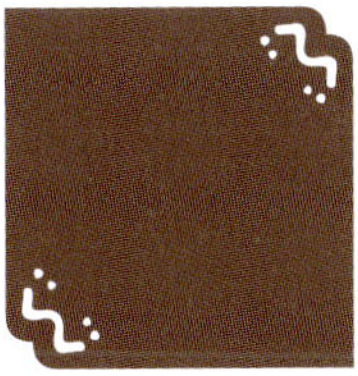

羊羹色《ようかんいろ》

黒や濃紫、蔦色などの衣服の色が褪せてきた様子。

C0 M53 Y70 K70

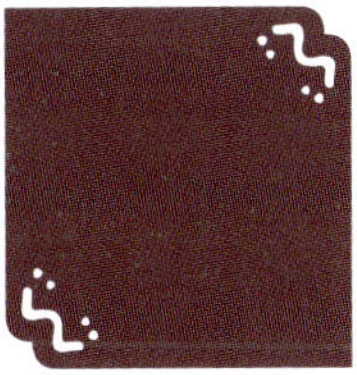

醤色《ひしおいろ》

醤は古代の発酵調味料。味噌や醤油の原型です。

C0 M70 Y35 K75

本来、お赤飯はササゲでつくります

古代より、赤い色は魔除け、厄除の色とされていました。赤い小豆にも病を退ける力があるとされ、祝いのときには赤飯や善哉を食べるようになります。赤飯が一般に普及するのは、江戸時代になってからだといいます。

お赤飯をつくるとき、小豆は餅米と一緒に水に浸すと割れます。これが切腹に通じるとされて嫌われました。ササゲは割れません。どちらもササゲ属で味に大差はないようです。

ササゲは
捧《ささ》げる
からきた
名まえ

小豆

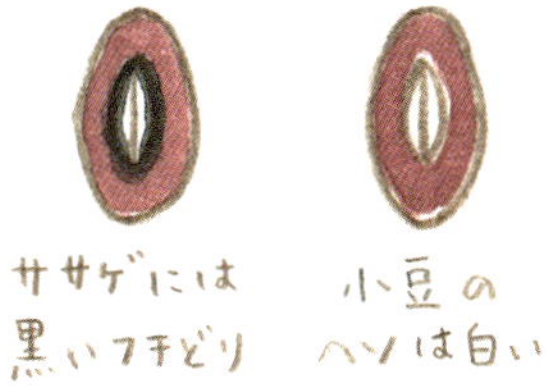
ササゲには
黒いフチどり
小豆の
ヘソは白い

ささげ

火にあたると
一年健康で
いられます。

小正月は女正月《おんなしょうがつ》ともいい、大正月の間忙しかった女性がゆっくりする日です。

七十二

雉始鳴《きじはじめてなく》

1月15日〜19日頃

オスの雉がメスに向かってケーン、ケーンと鳴き始める頃。

桃太郎の話では家来として活躍し、『万葉集』にも登場し、日本の国鳥であり、一万円札の裏にも姿がある雉は、狩猟の対象にもなっています。理由は美味だから、です。

キジって
おいしーの
だよ
藤原 兼通

色のない色を求めて 枯野見物にでかけます

江戸時代には、郊外で冬枯れの景色を見て歩くことが行われていました。花見のように、枯れた景色を求めてわざわざでかけて行ったというのです。

春の息吹を見つけに行くのではありません。生ではなく死の風景とでもいうのでしょうか、それを見に行ったのです。

東京の向島あたりは、枯野の名所であったといいます。

美しいもの、高貴なものが変わり果てた姿となる「やつし」の美学が、この季節には、見える形となって存在するのです。

江戸時代の感性は、信じられないほど深く、精神性の高いものだっ

枯野《かれの》

冬の山野は枯草だけの荒涼とした風情ですが、日本人は昔からこの様子を愛し、色名にしました。「旅に病んで夢は枯野を駆け回る」芭蕉の辞世の句。

C 0 M 15 Y 40 K 20

枯草色《かれくさいろ》

枯野よりも、かすかに草の緑色を連想させる色。

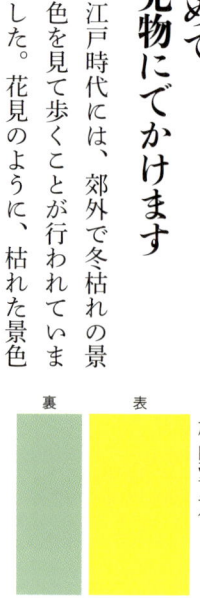

C 0 M 3 Y 50 K 30

枯野重色

表	裏
黄色	淡青

古晒色《ふるざれいろ》

特定の色ではなく、もとの色がくすんで薄くなった状態。

C 0 M 10 Y 20 K 30

枯野狐（部分） 竹内栖鳳
1897年 個人蔵

二十四

大寒《だいかん》

1月20日

一年で一番寒い頃。冬の最後の節気。寒い季節のピークですが「小寒の氷大寒に解く」ということわざにあるように春に向けて気温は不連続に変わります。

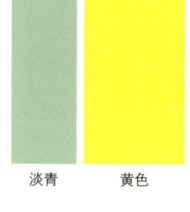

枯《かれ》色《いろ》

枯れた草木の色。平安時代の重ねの色目では「表香色裏青（緑のこと）」冬の色です。

C0 M13 Y50 K45

桜だ紅葉だって
浮かれる人より
冬の澄んだ月がスキ
っていうんが
いーわネ
紫式部

木《こ》枯《がらし》茶《ちゃ》

枯葉の茶色。晩秋の木枯らしのイメージにピッタリです。

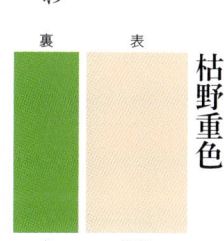

C0 M15 Y30 K45

たのですね。

冬の月をめぐる清少納言と紫式部

寒々とした冬の月は「寒月《かんげつ》」といわれ、季語にもなっています。紫式部は光源氏に冬の月の美しさをこう語らせています。

花紅葉の盛りよりも冬の夜のすめる月に雪の光あひたる空こそ、あやしう色なきものの身にしみて…

『源氏物語』朝顔の帖

一方、清少納言は

すさまじきものしはすの月夜
老女のけさう

と興ざめだわ、と言っています（この節は、なぜか現在のすさまじきものの段に残っていないそうですが）。

枯野重色

表	裏
淡香	青

香《こう》色《いろ》

丁字（ちょうじ）や伽羅（きゃら）など香木を煎じて染めた色。淡いものは「薄香（うすこう）」、赤みのものは「赤香（あかこう）」。

C0 M23 Y30 K30

オバンの化粧は冬の月
えーなにー

七十二

款冬華《ふきのはなさく》

1月20日〜24日頃

フキノトウが雪の残る地面から顔を出し花が咲く頃。フキノトウをふきみそにして白いご飯と食べれば苦みが春を感じさせます。子供の頃は苦みや香の強い春野菜は苦手ですが、美味しく食べられるようになれば季節を味わえる大人の証しです。

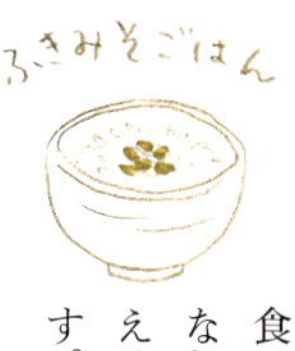

ふきみそごはん

湯たんぽ

お湯を入れて温かくして寝る湯たんぽ。漢字で湯湯婆。意味は、寒い夜に妻の代わりに抱いて寝る、です。

アハーン

点、点、点と赤の実が寒さの中で目をひきます

冬の赤い実といえば南天。「難を転ずる」という意味から縁起物の花として正月に飾られます。柊は葉先がとがっていて、古来、邪気を追い払うとされています。千両、万両。百両、十両、一両と呼ばれるものもあり、千両はセンリョウ科、一両はアカネ科、他はヤブコウジ科です。

赤紅《あかべに》

江戸初期、赤紅色の鹿の子模様の小袖が流行。高価な紅花を避け、代用の蘇芳染が盛んに行われました。

C0 M95 Y71 K10

蘇芳色《すおういろ》

古代は、最高位の紫色に次ぐ上位の色でした。江戸時代には、似紅（にせべに）や似紫（にせむらさき）など紅花や本紫の代用品に利用されました。

C0 M100 Y75 K30

七十二

水沢《さわみず》腹堅《こおりつめる》

1月25日～29日頃

沢の流れる水も寒くて堅く凍る頃。沢は小さい川ですが、平地をゆっくり流れる川ではなく、山の中を流れる急な川のイメージです。奥日光の華厳の滝の本流が凍る時は零下10度から零下30度になっているのだそうです。

千両　万両
有り通し《アリドウシ》
といって
縁起をかつぎました.

万両　ヤブタチバナ

千両　クササンゴ

百両　カラタチバナ

表鬼門
東北
柊
N
E
W
S
南天
裏鬼門
南西
昔は庭木で
鬼門除けを
しました。

五節句ノ内　文月　歌川国貞　江戸時代　名古屋テレビ放送

甚《じん》三《ざ》紅《もみ》

蘇芳による紅染の代用染。江戸前期、桔梗屋甚三郎が紅花を使わずに紅梅色を染め出し「甚三紅」と呼びました。

C0 M85 Y64 K15

寒さが引き立て役です

寒桜、寒稽古

寒桜は早咲きの品種。河津桜の濃いピンクは大島桜と緋寒桜が自然交配したものです。冬桜は二度咲きの品種。京都洛北三千院近くの実光院のお庭では、紅葉の中にピンクの不断桜が咲いています。

寒稽古は大寒の頃の早朝、武道の修行のために行うもの。仏道では滝に打たれたり、海に入ったりすることもあります。

十両　ヤブコウジ

一両　アリドウシ

卵《たまご》色《いろ》

ゆで卵の黄身の色、黄身と白身をかき混ぜた色説あり。江戸前期からの色です。

C0 M18 Y70 K0

薄《うす》卵《たまご》色《いろ》

卵色の薄い色。優しく初々しい色。

C0 M6 Y25 K2

七十二

鶏始乳《にわとりはじめてとやにつく》

1月30日〜2月3日頃

春の予感で鶏が小屋で初めて卵を産む頃。

現在では養鶏が中心で鶏が卵を産まない日はないのですが、かつて、どこの家でも鶏を飼っていた頃は、初めての卵はとてもありがたかったのでしょう。

花鳥・物語図帖（部分）　伝菱川師宣　江戸時代　エツコ&ジョー・プライスコレクション

冬を装うかさねの色目《いろめ》

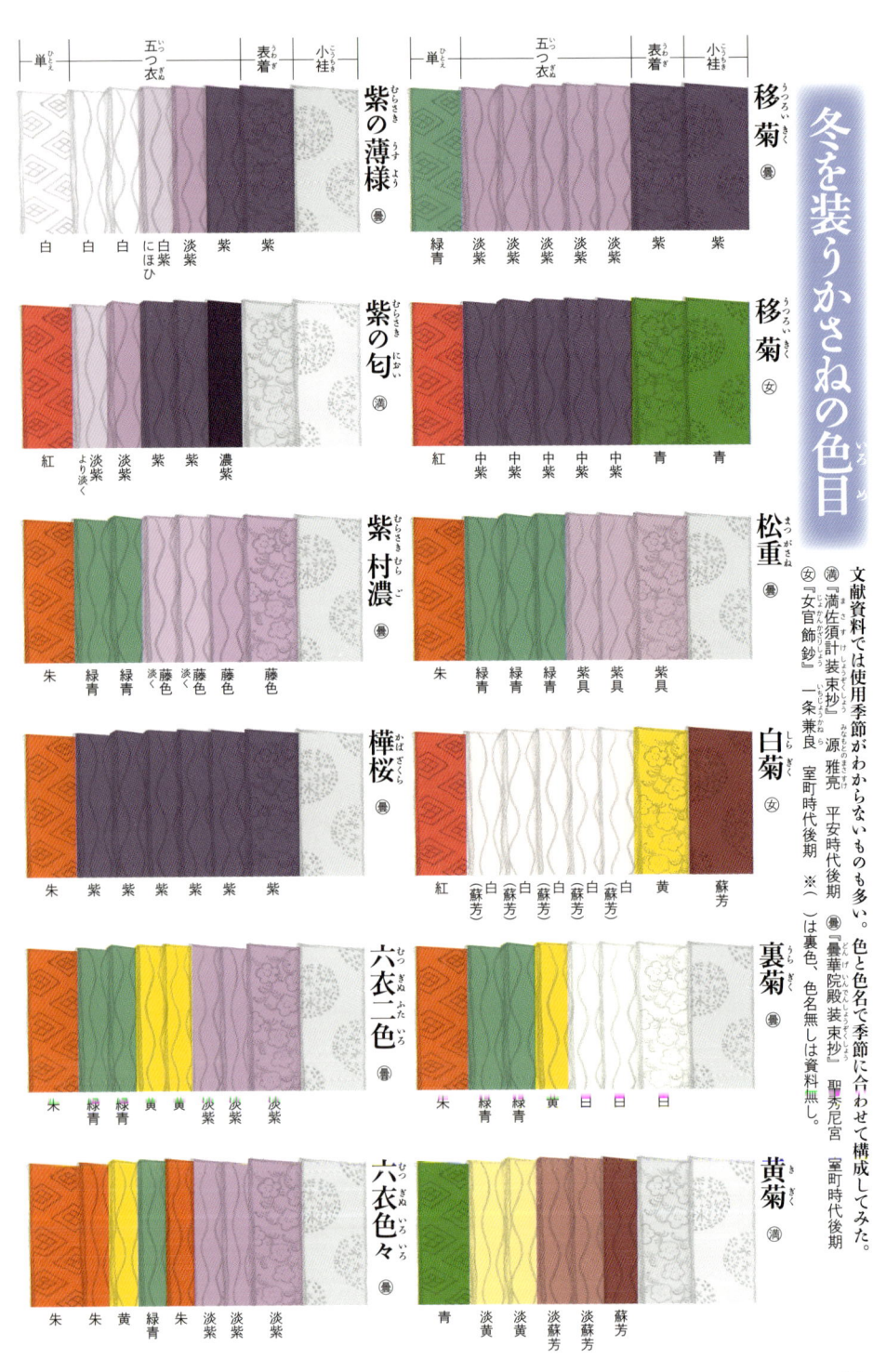

文献資料では使用季節がわからないものも多い。色と色名で季節に合わせて構成してみた。

(満)『満《ま》佐《さ》須《す》計《け》装束抄《しょうぞくしょう》』　源雅亮《みなもとのまさすけ》　平安時代後期　(曇)『曇華院殿装束抄《どんげいんでんしょうぞくしょう》』　聖秀尼宮　室町時代後期

(女)『女官飾鈔《じょかんかざりしょう》』　一条兼良《いちじょうかねら》　室町時代後期　※（　）は裏色、色名無しは資料無し。

移《うつろい》菊《きく》 (曇)

単《ひとえ》	五《いつ》つ衣《ぎぬ》	表着《うわぎ》	小袿《こうちき》
緑青	淡紫・淡紫・淡紫・淡紫・淡紫	紫	紫

移《うつろい》菊《きく》 (女)

単	五つ衣	表着	小袿
紅	中紫・中紫・中紫・中紫・中紫	青	青

松《まつ》重《がさね》 (曇)

単	五つ衣	表着	小袿
朱	緑青・緑青・緑青・紫具・紫具	紫具	

白《しら》菊《ぎく》 (女)

単	五つ衣	表着	小袿
紅	白（蘇芳）・白（蘇芳）・白（蘇芳）・白（蘇芳）・白（蘇芳）	黄	蘇芳

裏《うら》菊《ぎく》 (曇)

単	五つ衣	表着	小袿
朱	緑青・緑青・黄・白・白	白	

黄《き》菊《ぎく》 (満)

単	五つ衣	表着	小袿
青	淡黄・淡黄・淡蘇芳・淡蘇芳・蘇芳		

紫《むらさき》の薄様《うすよう》 (曇)

単《ひとえ》	五《いつ》つ衣《ぎぬ》	表着《うわぎ》	小袿《こうちき》
白	白・白・白紫にほひ・淡紫・紫	紫	

紫《むらさき》の匂《におい》 (満)

単	五つ衣	表着	小袿
紅	淡紫より淡く・淡紫・紫・紫・濃紫		

紫《むらさき》村《むら》濃《ご》 (曇)

単	五つ衣	表着	小袿
朱	緑青・緑青・藤色淡く・藤色淡く・藤色	藤色	

樺《かば》桜《ざくら》 (曇)

単	五つ衣	表着	小袿
朱	紫・紫・紫・紫・紫	紫	

六《むつ》衣《ぎぬ》二《ふた》色《いろ》 (曇)

単	五つ衣	表着	小袿
朱	緑青・緑青・黄・黄・淡紫・淡紫	淡紫	

六《むつ》衣《ぎぬ》色《いろ》々《いろ》 (曇)

単	五つ衣	表着	小袿
朱	朱・黄・緑青・朱・淡紫・淡紫	淡紫	

単《ひとえ》　五《いつ》つ衣《ぎぬ》　表着《うわぎ》　小袿《こうちき》

紅《くれない》の薄様《うすよう》（畳）

単	五つ衣					表着	小袿
白	白	白	淡紅梅	丹	朱	朱	

紅《くれない》の薄様《うすよう》（女）

単	五つ衣					表着	小袿
白	白（白）	白（白）	淡紅 より淡く	淡紅	紅	白（赤花）	蘇芳

白薄様《しろうすよう》（女）

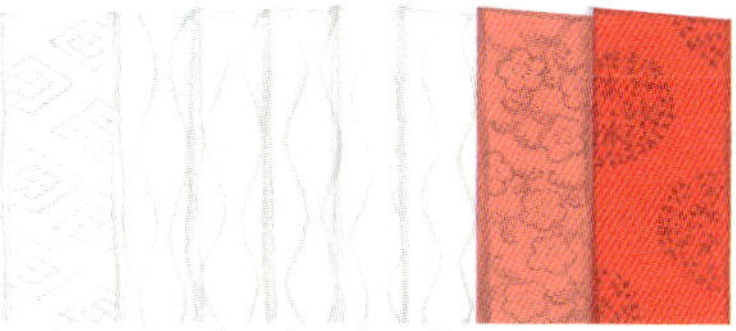

単	五つ衣					表着	小袿
白	白（白）	白（白）	白（白）	白（白）	白（白）	紅梅	紅

紅匂《くれないにおい》の衣《きぬ》（女）

単	五つ衣					表着	小袿
紅梅	淡紅 より淡く	淡紅	紅	紅	紅	萌黄	赤

皆紅《みなくれない》の衣《きぬ》（女）

単	五つ衣					表着	小袿
紅	紅	紅	紅	紅	紅	白（白）	青

松重《まつがさね》（女）

単	五つ衣					表着	小袿
紅	青	青	青	青	青	萌黄	蘇芳

単《ひとえ》　五《いつ》つ衣《ぎぬ》　表着《うわぎ》　小袿《こうちき》

梅染《うめぞめ》（満）

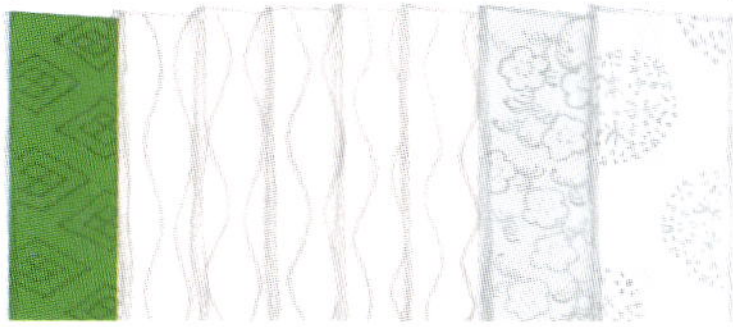

単	五つ衣					表着	小袿
青	白（濃蘇芳）	白（濃蘇芳）	白（濃蘇芳）	白（濃蘇芳）	白（濃蘇芳）		

梅《うめ》の衣《きぬ》（女）

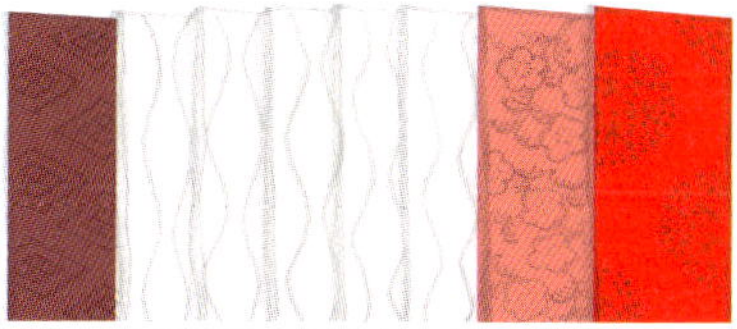

単	五つ衣					表着	小袿
蘇芳	白（蘇芳）	白（蘇芳）	白（蘇芳）	白（蘇芳）	白（蘇芳）	紅梅	赤

梅重《うめがさね》（畳）

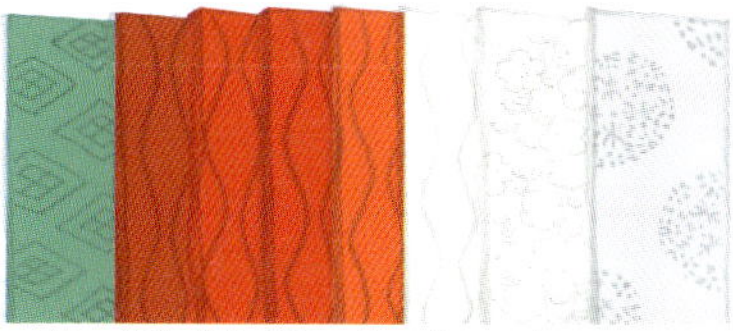

単	五つ衣					表着	小袿
緑青	朱 極朱	朱 濃く	朱 濃く	朱	白	白	

梅重《うめがさね》（満）

単	五つ衣					表着	小袿
濃紫	濃蘇芳	紅	紅梅	淡紅梅	淡紅梅 より淡く		

雪《ゆき》の下《した》（満）

単	五つ衣					表着	小袿
青	淡紅梅 より淡く	淡紅梅	紅梅	白（白）	白（白）		

雪《ゆき》の下《した》（畳）

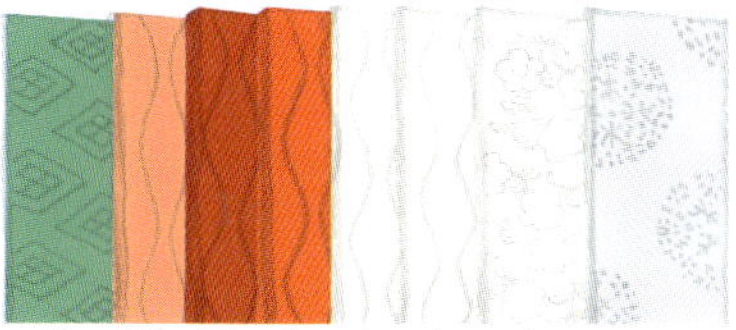

単	五つ衣					表着	小袿
緑青	朱 淡く	朱 極朱	朱	白	白	白	

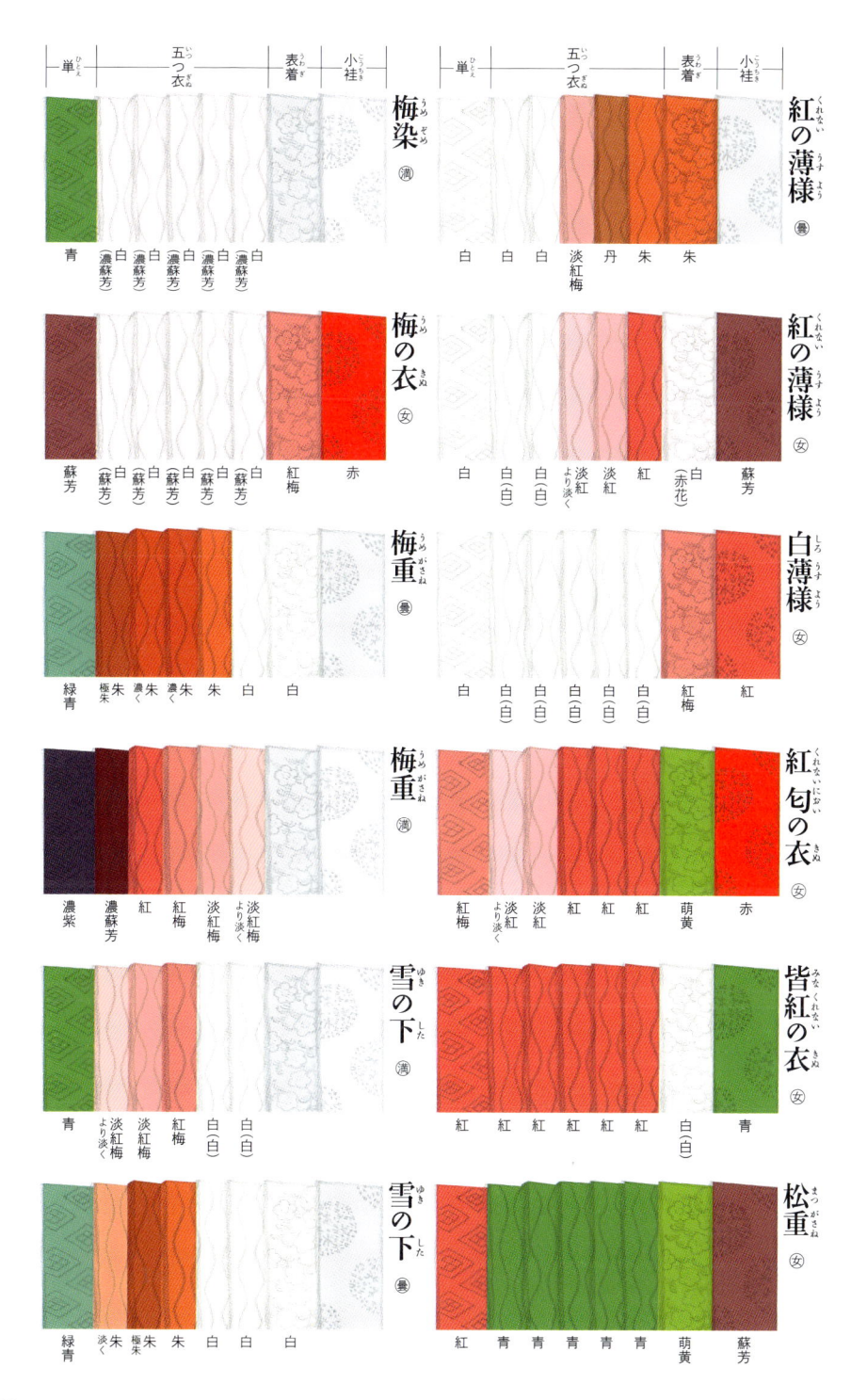

旧暦の成り立ち

旧暦と暮らす、季節と暮らす

暦が日本で初めてつくられたのは飛鳥時代で、月の満ち欠けに合わせた太陰暦でした。暦の語源は日読《かよ》みですが、日を読むのではなく、月の満ち欠けを使う月読《つくよ》みが古くから世界中にありました。季節は太陽の周りを回る地球と太陽の距離がつくり出すものです。この動きと月の満ち欠けは連動していないので、暦は季節とズレていきます。その調整は大仕事で、毎年、暦が変わるという事態でした。

現在は太陽暦の新暦で来年のカレンダーも変わることはありませんが、巡り来る季節のことや、月の満ち欠けのことは忘れがちです。古来より四季折々の美しい自然を愛でてきた日本。旧暦に親しみ、季節を感じられるのは世界の中でも、とても贅沢な環境だといえます。旧暦と暮らすということは季節の色と暮らすということです。

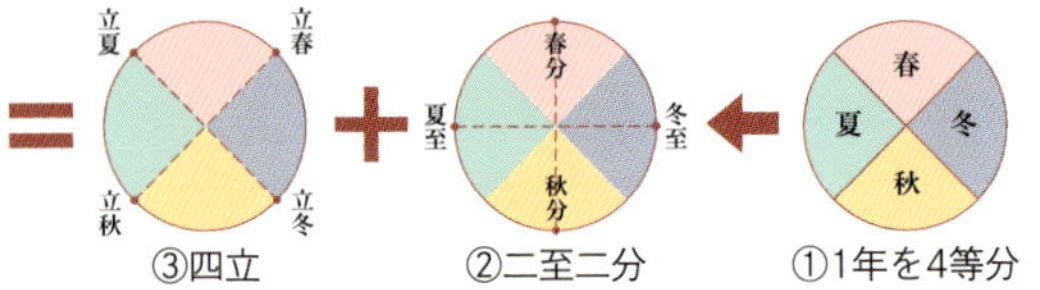

春
冬
夏
秋
①1年を4等分
春分
夏至
冬至
秋分
②二至二分
立夏
立春
立秋
立冬
③四立

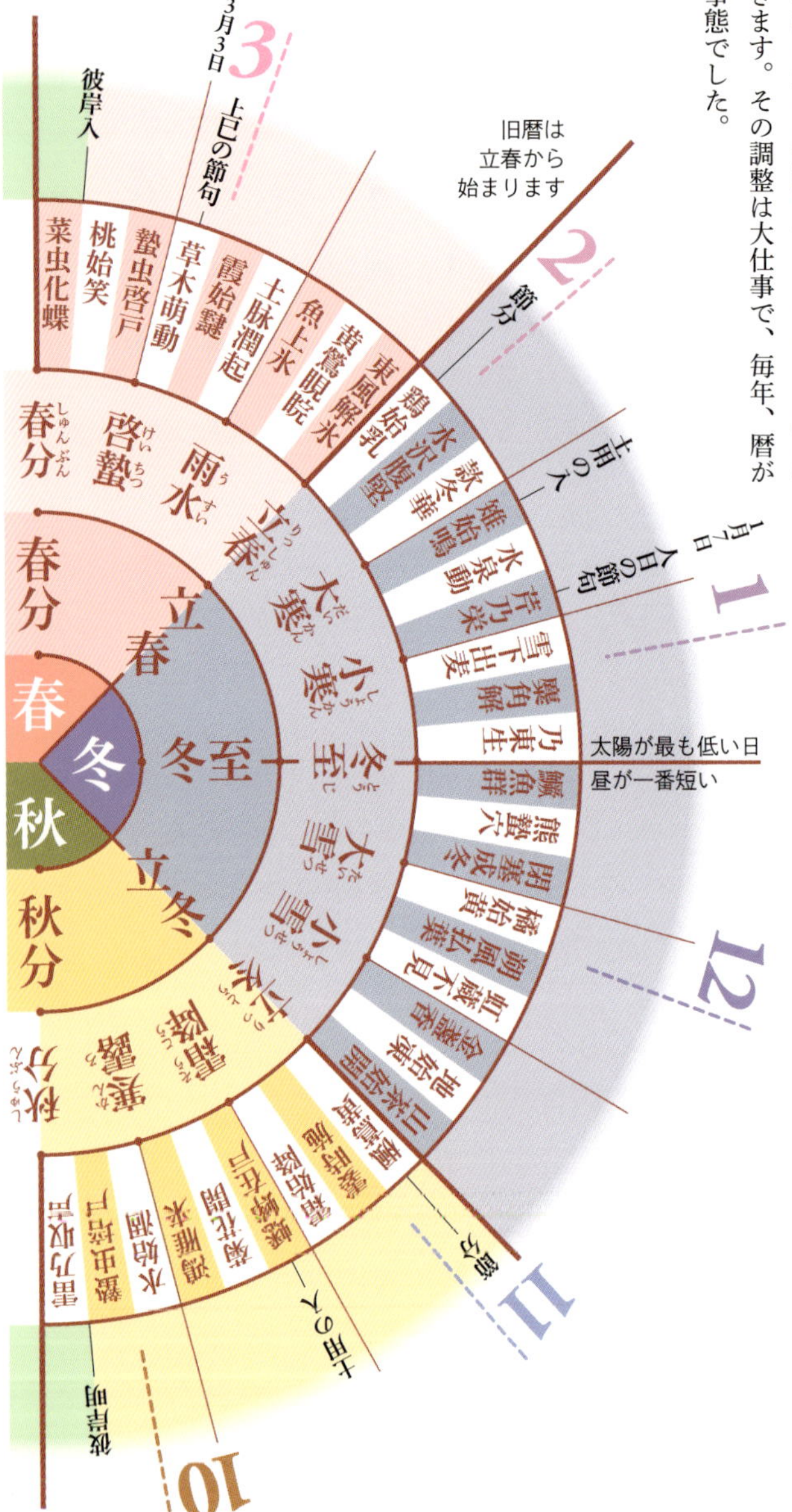

旧暦は
立春から
始まります
3月3日
上巳の節句
彼岸入
節分
土用の入
1月7日
人日の節句
太陽が最も低い日
昼が一番短い
3
2
1
12
11
10
菜虫化蝶
桃始笑
蟄虫啓戸
草木萌動
霞始靆
土脉潤起
魚上氷
黄鶯睍睆
東風解氷
鶏始乳
水沢腹堅
款冬華
雉始雊
水泉動
芹乃栄
雪下出麦
麋角解
乃東生
鱖魚群
熊蟄穴
閉塞成冬
橘始黄
朔風払葉
虹蔵不見
金盞香
地始凍
山茶始開
春分
啓蟄
雨水
立春
大寒
小寒
冬至
大雪
小雪
春分
立春
冬至
立冬
秋分
春
冬
秋

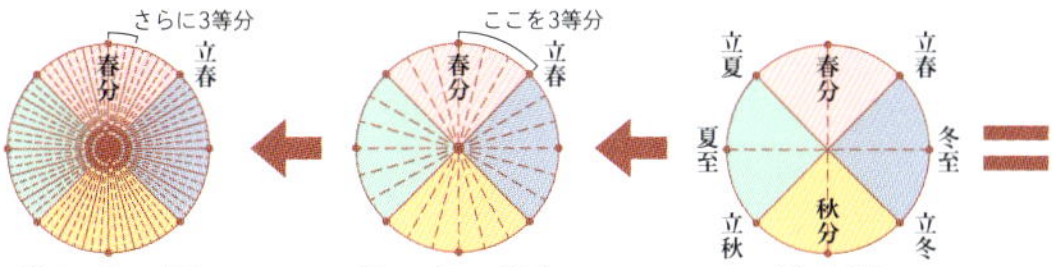

⑥七十二候　⑤二十四節気　④八節

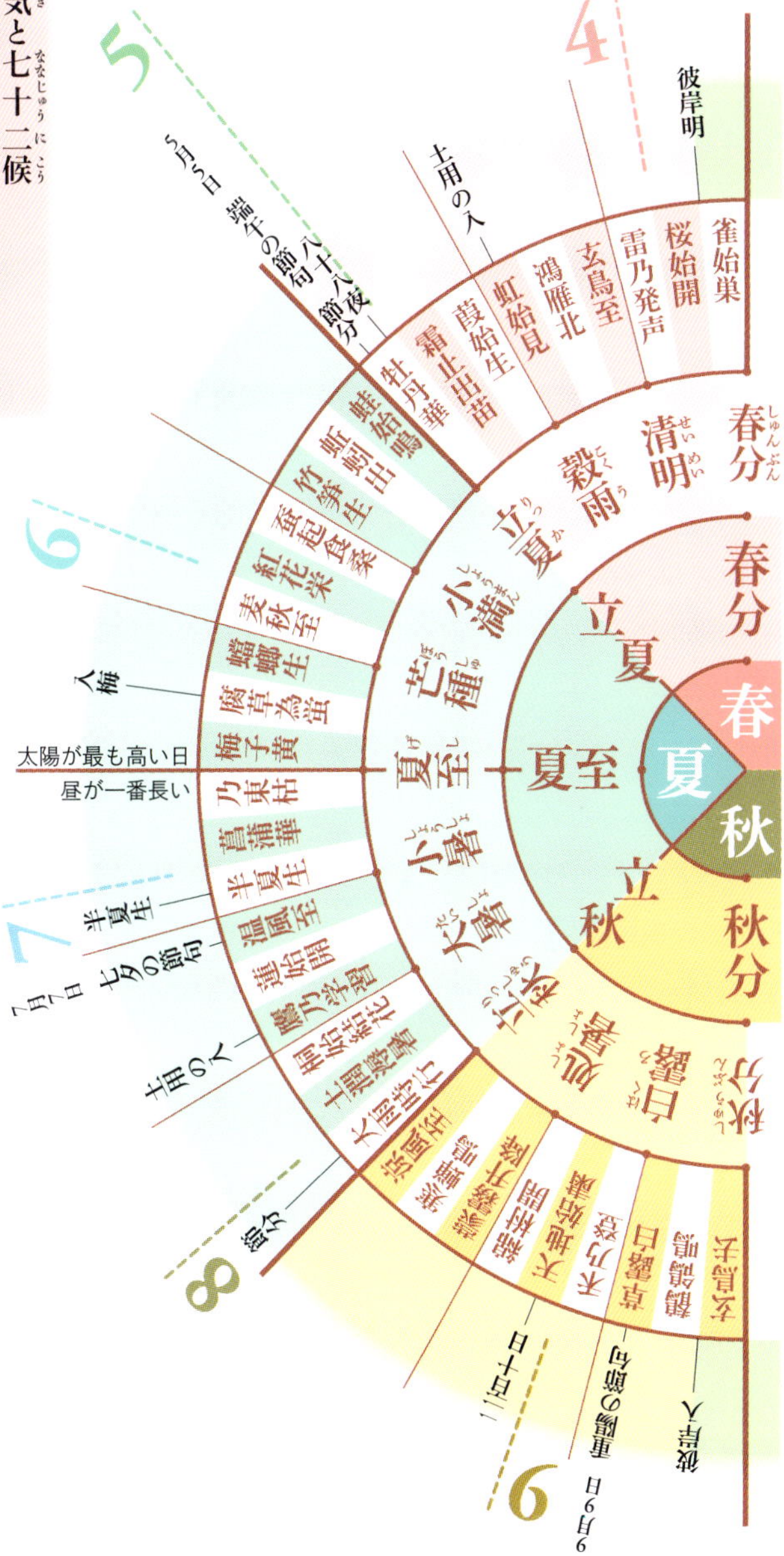

二十四節気《にじゅうよんせっき》と七十二候《ななじゅうにこう》

太陽暦の一年を春夏秋冬に4等分し、その中間点は冬至、夏至、春分、秋分の二至二分とします。季節の始まりの立春、立夏、立秋、立冬の四立を足して八節。八節を三等分したのが二十四節気。それをさらに三等分したのが七十二候になります。そこに、雑節として日本独特の節を付け加えました。

どちらも古代中国の暦です。江戸時代に日本の気候風土に合うように変更（1874年、渋川春海編集の『本朝七十二候』）され、現在の七十二候になっています。

旧暦―江戸時代まで使われた暦

旧暦とは現在の新暦に対して古い暦のことを指します。月の満ち欠けを1か月とした大陰暦をベースに太陽暦とのズレを3年に一度うるう年を入れて調整したので大陰太陽暦といわれます。日本では旧暦の明治5年12月3日が新暦の明治6年1月1日になり、新暦の年明けとなりました。

新暦―世界共通のグレゴリオ暦

新暦とは現在のグローバルスタンダードな暦のことです。1582年にローマ教皇グレゴリウス13世によって改暦された太陽暦です。400年に97回うるうの日を加えることで太陽の動きと暦のズレを最小限に抑えています。

旧暦と暮らす

春

和風名月(月の和の異名)

如月《きさらぎ》 寒さがまだ残り、衣を更に重ねきるという意味の「衣更着《きぬさらにき》」から。陽気になる頃という意味の「気《き》更来《さらぎ》」「萌揺月《ききゆらぎづき》」などの説もある。

弥生《やよい》 草木がいよいよ茂るという言葉「きくさいやおいしげる」から。水を浸した稲の実が茂るからという説もある。春惜月《はるおしみづき》、夢《ゆめ》見月《みづき》など多くの異名がある。

卯月《うづき》 卯の花の咲く月。新暦ではほぼ5月に当たる。田に稲を植える種《うえ》月《づき》、田植苗月《たうえなえづき》からという説もある。

新暦	二十四節気	七十二候	掲載ページ
2月			
2/4～8	立春	東風解氷	8
9～13		黄鶯睍睆	10
14～18		魚上氷	11
19～23	雨水	土脉潤起	12
24～28		霞始靆	14
3月			
3/1～5		草木萌動	15
6～10	啓蟄	蟄虫啓戸	16
11～15		桃始笑	18
16～20		菜虫化蝶	19
21～25	春分	雀始巣	20
26～30		桜始開	22
3/31～4/4		雷乃発声	23
4月			
5～9	清明	玄鳥至	24
10～14		鴻雁北	26
15～19		虹始見	27
20～24	穀雨	葭始生	28
25～30		霜止出苗	30

雑節・五節句・その他季節の行事

余寒見舞 立春から2月頃まで

初午 2月4日頃。立春後の初の午の日(2015年は2月11日)。各地の稲荷神社でお祭りが行われる

おいなりさん

小豆ごはん

事《こと》の日 2月8日 農作業を始める日 土からとれるものを入れておこと汁をつくる

ごぼう
にんじん
大根
小豆
こんにゃく

桃の節句 3月3日。女の子のお節句 ひなまつり

ちらしずし
蛤の清汁
ひしもち
ひなあられ

十六団子の日 3月16日。田の神が山からおりてくる日

十六団子

春の彼岸 3月18日頃入、24日頃明け 春分をはさんだ前後3日の7日間

ぼたもち

花祭り 4月8日 お釈迦様の誕生日。灌仏会

お花見

夏

皐月《さつき》

早苗月《さなえづき》から。新暦のほぼ6月頃に当たり、五月晴《さつきば》れは梅雨の中の晴れた日、五月雨《さみだれ》は梅雨のことを指していた。

水無月《みなづき》

田植え後、田に水を張る田水《たのみ》の月《つき》、水張月《みずはりづき》、水月《みなづき》から。水の涸れた月という説もある。風待月《かぜまちづき》という美しい異名もある。

文月《ふみづき》

稲の穂が実るという意味の穂含月《ほふくみづき》から。七夕月《たなばたづき》という異名もあり、短冊に詩を書くので文披月《ふみひろげづき》という説もある。女郎月《おみなえづき》、秋初月《あきそめづき》、愛逢月《めであいづき》など。

5月

5/1～5		牡丹華	31
6～10	立夏	蛙始鳴	37
11～15		蚯蚓出	38
16～20		竹笋生	38
21～25	小満	蚕起食桑	41
26～31		紅花栄	42

6月

6/1～5		麦秋至	42
6～10	芒種	蟷螂生	45
11～15		腐草為蛍	46
16～21		梅子黄	47
22～26	夏至	乃東枯	48
6/27～7/1		菖蒲華	50

7月

2～6		半夏生	51
7～12	小暑	温風至	53
13～17		蓮始開	54
18～22		鷹乃学習	55
23～27	大暑	桐始結花	57

端午の節句 5月5日
子どもの日

八十八夜 5月2日頃。
立春から88日目

母の日 5月第2日曜日

ちまき

かしわもち

カーネーション

入梅 6月11日頃
立春から135日目。ここから30日間を梅雨という

父の日 6月第3日曜日

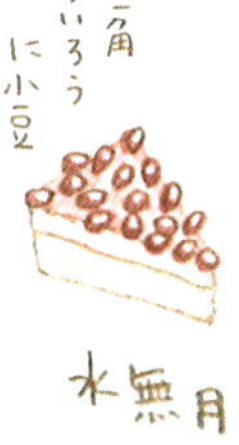
三角ういろうに小豆
水無月

夏越《なごし》の祓《はらえ》 6月30日
一年の半分が終わり、半年間の穢れを流す日

半夏生 7月2日頃
夏至から11日目

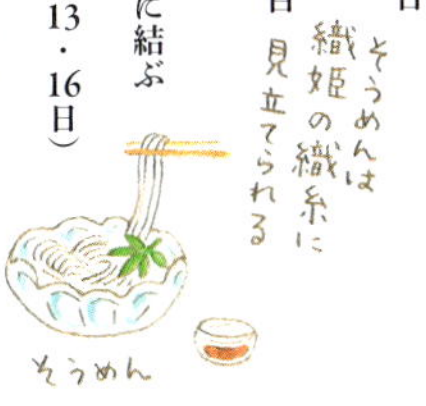
そうめんは織姫の織糸に見立てられる
そうめん

七夕の節句 7月7日。短冊に願い事を書いて笹に結ぶ

お盆 7月15日（7月13・16日）

土用の入り 7月20日頃。春夏秋冬毎にある土用だが、現在は夏の土用が定着

うなぎのかばやき

お中元
7月初めから15日まで
盆に合わせ8月初めから15日までのこともある

暑中見舞
小暑から立秋前日まで

秋

葉月《はづき》

木々の葉が落ちる葉落《はお》ち月から。稲の穂が張るという意味の張《はり》月《づき》、穂《ほ》張《はり》月《づき》という説もある。木《こ》染《ぞめ》月《づき》、紅《べに》染《そめ》月《づき》、雁《かり》来《き》月《づき》など。

長月《ながつき》

秋の夜が長いの意味の夜《よ》長《なが》月《つき》から。稲の穂を刈り入れる月の意味、稲熱《いなあがり》月《づき》という説もある。菊《きく》間《ま》月《づき》、竹《ちく》酔《すい》月《げつ》、寝《ね》覚《ざめ》月《づき》など。

神《かん》無《な》月《づき》

収穫した新米で新酒を醸すという意味の醸《かみ》成《なん》月《づき》から。神さまが出雲の国に集まる月「神在月」は有名。雷のない月「かみなかりづき」説もある。神《かみ》去《さり》月《づき》、鏡《きょう》祭《さい》月《げつ》、時雨《しぐれ》月《つき》など。

8月			
7/28〜8/1		土潤溽暑	58
2〜7		大雨時行	59
8〜12	立秋	涼風至	64
13〜17		寒蝉鳴	66
18〜22		蒙霧升降	66
23〜27	処暑	綿柎開	68
8/28〜9/2		天地始粛	70
9月			
3〜7		禾乃登	71
8〜12	白露	草露白	72
13〜17		鶺鴒鳴	74
18〜22		玄鳥去	75
23〜27	秋分	雷乃収声	77
9/28〜10/2		蟄虫培戸	78
10月			
3〜7		水始涸	79
8〜13	寒露	鴻雁来	81
14〜18		菊花開	82
19〜23		蟋蟀在戸	83
24〜28	霜降	霜始降	85

残暑見舞
立秋から8月末まで

八朔《はっさく》　8月1日
田の神に無事収穫を頼む

旧盆（月遅れの）　8月15日

二百十日　9月1日頃。立春から210日目。
風祭の日でもある

重陽の節句　9月9日
菊の節句。現在は九州の「おくんち」などの祭に残っている

秋の彼岸　9月20日頃入り、26日頃明け
秋分をはさんだ前後3日の7日間

十日夜《とおかんや》　10月10日
田の神が山へ帰る日

冬

霜月《しもつき》

霜が降る月、霜降り月「しもふりづき」から。その年に収穫した初物を食す宮中行事新嘗祭《にいなめさい》の月、食物月「おしものづき」説もある。雪待月《ゆきまちづき》、神帰月《かみきづき》、竜潜月《りゅうせんづき》など。

師走《しわす》

一年の終わりという意味の歳極《としはつ》。農作業の終わり、万事《ばんじ》し果《は》つ月《づき》から。師匠も走るほど忙しいという意味なら師馳《しはせ》月《づき》。極月《ごくづき》、氷月《ひょうげつ》、親子月《おやこづき》など。

睦月《むつき》

正月に家族、親族が仲良く揃うという意味の睦《むつ》び月《づき》から。年初めの元月《もとづき》、稲の実を初めて水に浸す月の実月《むつき》説もある。初《しょ》月《げつ》、元月《がんげつ》、霞初月《かすみそめづき》など。

月	期間	節気	候	ページ
11月	10/29～11/2		霎時施	86
	3～7		楓蔦黄	87
	8～12	立冬	山茶始開	93
	13～17		地始凍	94
	18～22		金盞香	95
	23～26	小雪	虹蔵不見	97
12月	11/27～12/1		朔風払葉	98
	2～6		橘始黄	99
	7～11	大雪	閉塞成冬	100
	12～16		熊蟄穴	102
	17～21		鱖魚群	102
	22～26	冬至	乃東生	105
	27～31		麋角解	106
1月	1/1～5		雪下出麦	107
	6～9	小寒	芹乃栄	108
	10～14		水泉動	110
	15～19		雉始鳴	111
	20～24	大寒	款冬華	113
	25～29		水沢腹堅	114
2月	1/30～2/3		鶏始乳	115

ハロウィン　10月31日キリスト教の万聖節前夜祭

七五三　11月15日
男子5歳、女子3歳と7歳に神社にお詣りする行事

亥の子祭　11月24日頃
新米でついた餅を亥の刻(午後9～11時)に食べる

酉の市　11月の酉の日
開運、招福、商売繁盛を願う。縁起熊手が名物

お歳暮
12月13日から28日まで
現在は11月下旬から12月20日頃になっている

クリスマス　12月25日　キリスト生誕の日

大晦日　12月31日
一年の最後の日。除夜の鐘をついて新年を迎える

年賀状
元旦から7日まで

人日の節句　1月7日。七草粥で一年の無病息災を願う

鏡開き　1月11日。年神さまにお供えしていた餅を割ってお汁粉をつくる

寒中見舞い
1月8日から立春前日まで

小正月　1月15日
旧暦で新年初の満月の日。小豆粥を食べる。どんど焼きを行う。無病息災を願う

冬至

節分　2月3日。季節を分ける日の意味。豆まきで鬼をはらう

月の満ち欠けと暮らす

新月から新月になるまで約29・53日。陰暦のひと月は29日と30日で調整しました。

	1日	2日	3日	4日	5日	6日	7日	8日	9日	10日	11日	12日	13日	14日
月の出	日の出よりやや遅い	毎日平均50分ずつ遅くなる			午前中			正午頃			午後		日没前	
月の入	日没よりやや遅い				夜			真夜中			未明		日の出前	

月のよび名

新月《しんげつ》／月立《つきたち》

二日月《ふつかづき》／既朔《きさく》

三日月《みかづき》／眉月《まゆづき》／蛾眉《がび》

繊月《せんげつ》　2日～4日の細い月を呼ぶ

夕月《ゆうづき》／宵月《よいづき》／黄昏月《たそがれづき》

2日～8日頃の月

上弦《じょうげん》の月《つき》

弦月《げんげつ》／弓張月《ゆみはりづき》

片割月《かたわれつき》

7日、8日頃の月

十三夜《じゅうさんや》

小望月《こもちづき》／幾望《きぼう》

待宵月《まつよいのつき》

盈月《えいげつ》

満月に向かって増えていく月。上弦の月ともいう

2日～14日の月

旧暦でこの日は朔日《ついたち／さくじつ》(さくじつ＝朔《ついたち》)といい、月立《つきたち》が語源になっている

既朔とは朔日を既にすぎた意味

蛾眉とは蝶の触角のこと。細い眉の美人の意味。

夕月とは月の出は午前中で早いが、薄くて見えず、夕方に姿を見せる月。夜は沈んでしまうので、短くはかない月。古くから貴族に愛された。

弦とは弓に張った糸のこと。月の形を弦に見立てた

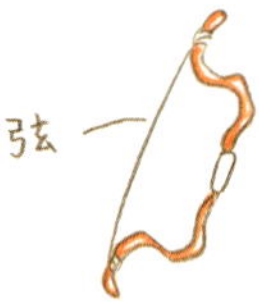

旧暦9月13日は後《のち》の月と呼ばれる名月。宇多天皇が無双と称した月で、その後、芸術作品にも多く表れる

満月を待ちこがれる月。幾望の「幾」は「近い」。望月が近いという意味

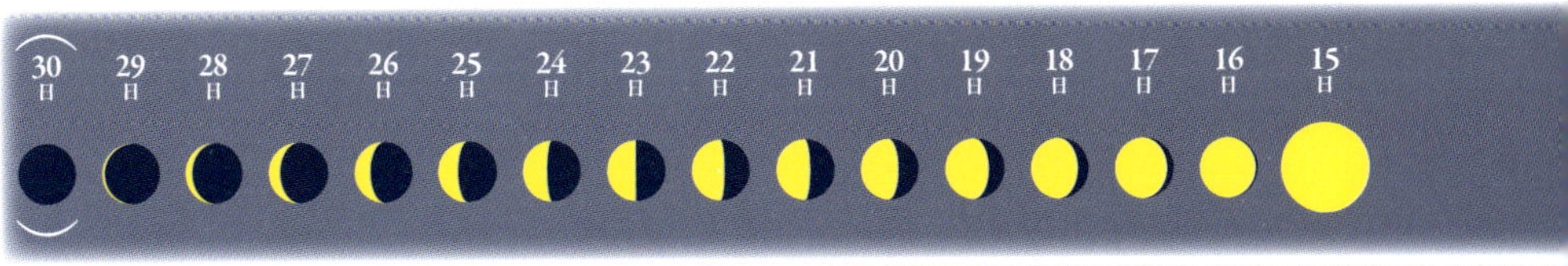

日没直後　日の出頃

毎日平均50分ずつ遅くなる

夜　午前中

(10時頃)　正午前

深夜

真夜中　正午過ぎ

未明　午後

日の出前

日の出頃　日没

満月／望月《もちづき》／十五夜《じゅうごや》

旧暦8月15日は十五夜。この後9月の十三夜と合わせて二夜《ふたよ》の月といって月見を楽しんだ。また、一方の月しか見ないことを片観月《かたみづき》といって嫌われた

十六夜《いざよい》／既望《きぼう》

「いざよう」とはためらう。満月より出が遅くためらっているという意味

立待月《たちまちづき》

今か今かと立って、出を待つ月

居待月《いまちづき》

立って待つには長すぎる。座って待とう

臥待月《ふしまちづき》／寝待月《ねまちづき》

待ちくたびれて寝床で見る月

更待月《ふけまちづき》／亥中月《いなかのつき》

更に遅くのぼる月、亥中とは亥の刻の中頃、午後10時頃

有明《ありあけ》の月

16日～26日頃の月

有明とは夜明けのこと。夜が明けた空に見える月。暁月《ぎょうげつ》ともいう。16日から26日頃まで

下弦の月

弦月《げんげつ》／弓張月《ゆみはりつき》

片割月《かたわれのつき》

22日、23日頃の月

有明月《ありあけのつき》／残月《ざんげつ》

残月とは、月が空に残りながら夜が明けること。平安の頃、朝を迎え、後朝《きぬぎぬ》の別れに恋人同士が見る月。または、夜に恋人が来てくれなかった朝、一人で見る月

三十月《みそかづき》／晦日《つごもり》／晦《つごもり》

晦日《つごもり》(みそか)は月隠《つきごもり》が語源

虧月《きげつ》

新月に向かって欠けていく月。下弦の月ともいう

16日～30日の月

無月《むげつ》　雨月《うげつ》

どちらも十五夜の名月の日のことで雲で見えない月、雨で見えない月を惜しむもの

月待ち

集まって月の出を待ちながら飲んだり食べたりする行事。古くは宗教的意味があったが江戸時代にはほぼ娯楽。二十三夜待、二十六夜待など

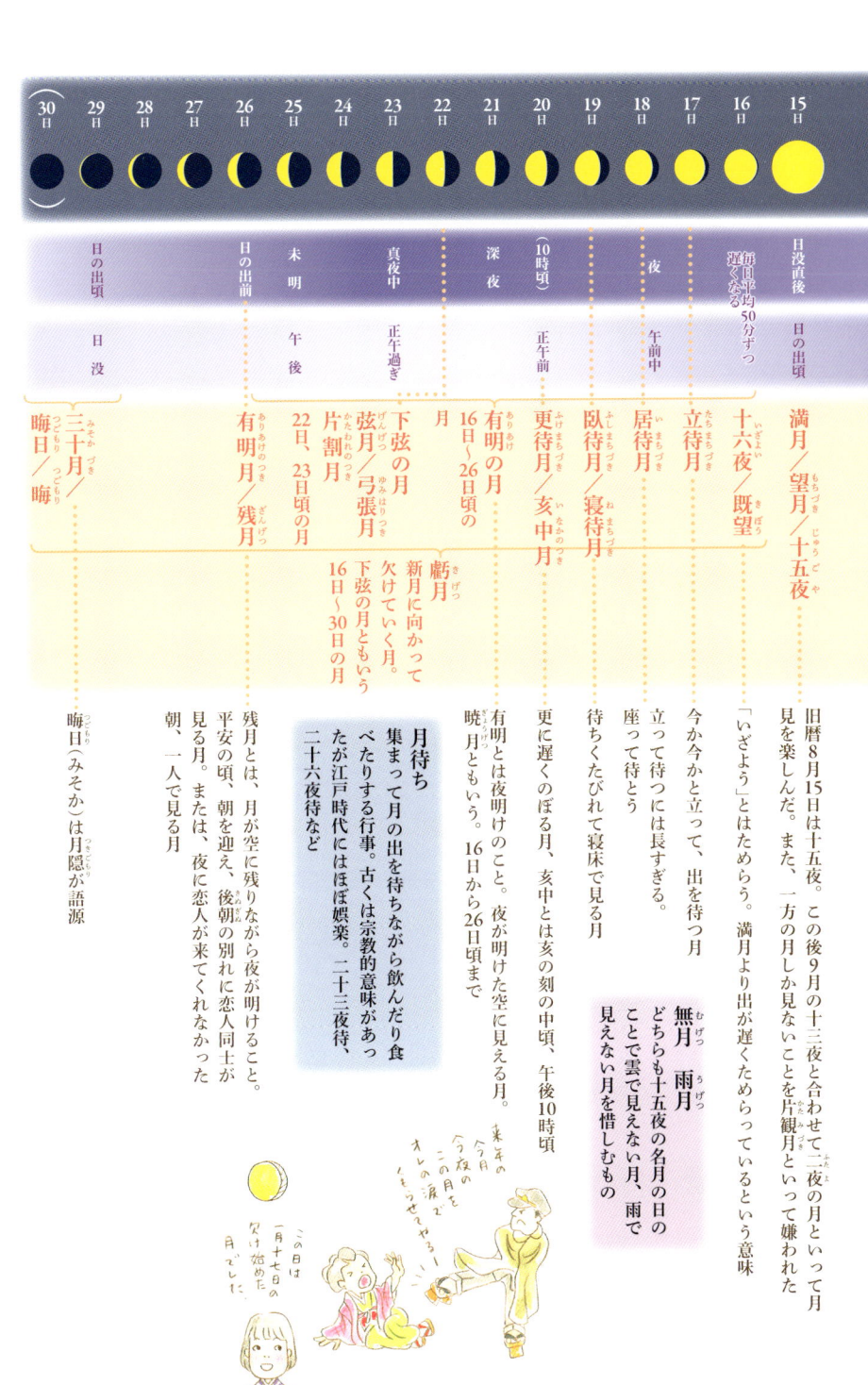

鮮緑　せんりょく　43
蒼色　そうしょく　52
蒼白色　そうはくしょく　72
承和色　そがいろ　75
纁　そひ　80
蕎麦切色　そばきりいろ　107
空色　そらいろ　36

たちつてと

橙色　だいだいいろ　103
卵色　たまごいろ　115
玉虫色　たまむしいろ　97
丹柄茶　たんがらちゃ　59
淡黄色　たんこうしょく　74
長春色　ちょうしゅんいろ　17
散紅葉(かさね)　ちりもみじ　89
次緑　つぎのみどり　39
躑躅(かさね)　つつじ　60
躑躅色　つつじいろ　31
躑躅ひとえ(かさね)　つつじひとえ　60
莟紅梅　つぼみこうばい　11
莟紅梅(かさね)　つぼみこうばい　14・32
鶴の黒羽色　つるのくろばいろ　107
鉄深川　てつふかがわ　53
照柿色　てりがきいろ　86
天色　てんしょく　36
藤黄　とうおう　104
桃紅色　とうこうしょく　16
鴇浅葱　ときあさぎ　25
鴇色　ときいろ　25
鴇色鼠　ときいろねず　24
常磐色　ときわいろ　98
嫩黄色　どんこうしょく　29

なにぬねの

内記煤竹　ないきすすたけ　102
苗色　なえいろ　44
梨子色　なしいろ　68
茄子紺　なすこん　76
茄子納戸色　なすなんどいろ　76
夏虫色　なつむしいろ　53
撫子(かさね)　なでしこ　61
撫子色　なでしこいろ　66
七重(かさね)　ななえ　33
菜の花色　なのはないろ　28
南京藤　なんきんふじ　31
丹色　にいろ　109
虹色　にじいろ　24
似桃色　にせももいろ　16
唐棣色　にわうめいろ　47
根岸色　ねぎしいろ　25

はひふへほ

灰桜　はいざくら　20
萩色　はぎいろ　78
半色　はしたいろ　57
櫨紅葉(かさね)　はじもみじ　89
花浅葱　はなあさぎ　49
花橘(かさね)　はなたちばな　50・60
花欸冬　はなつわぶき　105
花紫　はなむらさき　56
花萌葱　はなもえぎ　53
花山吹(かさね)　はなやまぶき　33
緋色　ひいろ　67
緋褪色　ひさめいろ　82
醤色　ひしおいろ　111
一重梅　ひとえうめ　13
向日葵色　ひまわりいろ　41
鶸色　ひわいろ　29
鶸萌黄　ひわもえぎ　29
深緑　ふかみどり　39
福寿茶　ふくじゅちゃ　105
藤(かさね)　ふじ　60
柴色　ふしいろ　27
藤色　ふじいろ　30
藤重(かさね)　ふじがさね　60
藤煤竹　ふじすすたけ　102
藤納戸　ふじなんど　31
藤紫　ふじむらさき　31
仏手柑色　ぶしゅかんいろ　42
二藍　ふたあい　54
二つ色(かさね)　ふたついろ　33
葡萄鼠　ぶどうねず　70
葡萄紫　ぶどうむらさき　70
古晒色　ふるざれいろ　112
碧色　へきしょく　52
紅　べに／くれない　55
紅海老茶　べにえびちゃ　71
紅柿色　べにかきいろ　92
紅掛空色　べにかけそらいろ　37
紅掛花色　べにかけはないろ76
紅樺色　べにかばいろ　58
紅桔梗　べにききょう　79
紅藤色　べにふじいろ　31
紅湊　べにみなと　56
惚色　ぼけいろ　64
牡丹(かさね)　ぼたん　61
牡丹色　ぼたんいろ　30
牡丹鼠　ぼたんねず　30
炎色　ほのおいろ　67

まみむめも

真赤　まあか　82
真鴨色　まがもいろ　96
松重(かさね)　まつがさね　89・116・117
松葉色　まつばいろ　99
松葉鼠　まつばねず　99
蜜柑色　みかんいろ　93
蜜柑茶　みかんちゃ　93
水浅葱　みずあさぎ　48
水柿　みずがき　87
み空色　みそらいろ　37
皆紅の衣(かさね)　みなくれないのきぬ　117
槿花色　むくげいろ　47
六衣色々(かさね)　むつぎぬいろいろ　116
六衣桜躑躅(かさね)　むつぎぬさくらつつじ　60
六衣二色(かさね)　むつぎぬふたいろ　116
紫式部　むらさきしきぶ　77
紫鼠　むらさきねず　57
紫匂(かさね)　むらさきにおい　33
紫の薄様(かさね)　むらさきのうすよう　33・116
紫の匂(かさね)　むらさきのにおい　116
紫村濃(かさね)　むらさきむらご　116
萌黄色　もえぎいろ　10
萌黄匂(かさね)　もえぎにおい　33
萌黄の匂(かさね)　もえぎのにおい　89
捩り紅葉(かさね)　もじりもみじ　88
餅躑躅(かさね)　もちつつじ　60
紅絹　もみ　94
紅葉色　もみじいろ　84
紅葉重ね八(かさね)　もみじがさねやつ　89
桃色　ももいろ　16
桃染　ももそめ　16

やゆよ

柳(かさね)　やなぎ　32・89
柳色　やなぎいろ　18
柳煤竹　やなぎすすたけ　102
柳鼠　やなぎねず　19
山藍摺　やまあいずり　52
山吹(かさね)　やまぶき　33
山吹色　やまぶきいろ　28
山吹の匂(かさね)　やまぶきのにおい　33
雪の下(かさね)　ゆきのした　117
羊羹色　ようかんいろ　111
葉緑色　ようりょくしょく　97

らりるれろわ

柳緑　りゅうりょく　19
竜胆(かさね)　りんどう　88
竜胆色　りんどういろ　77
檸檬色　れもんいろ　75
琅玕色　ろうかんいろ　97
若楓(かさね)　わかかえで　61
若草色　わかくさいろ　10
若菖蒲(かさね)　わかしょうぶ　61
若竹色　わかたけいろ　45
若苗色　わかなえいろ　44
若緑　わかみどり　29
若紫　わかむらさき　28
藁色　わらいろ　65
吾木香　われもこう　66

主な参考文献(順不同)

本書は『定本和の色事典　増補特装版』弊社刊をベースにしています。
そこに記載以外の参考文献。

『「源氏物語」の色辞典』 吉岡幸雄　紫紅社
『新版　かさねの色目　平安の配彩美』　長崎盛輝　株式会社青幻舎
週刊朝日百科『週刊　絵巻で楽しむ源氏物語五十四帖』 朝日新聞出版
『枕草子』 池田亀鑑校訂　岩波文庫
『新訂 徒然草』 西尾実・安良岡康作校注　岩波文庫
『日本語の豊かさを日々発見する増殖する俳句歳時記』 清水哲男　株式会社ナナ・コーポレート・コミュニケーション
『365日で味わう 美しい日本の季語』 金子兜太監修　株式会社誠文堂新光社
『月の名前』 高橋順子　佐藤秀明　株式会社デコ
『王朝生活の基礎知識―古典のなかの女性たち』 川村裕子　角川選書
『清水哲男　新・増殖する俳句歳時記』 http://zouhai.com/
『国立天文台 天文情報センター 暦計算室』 http://eco.mtk.nao.ac.jp/koyomi/

色名索引

あ い

藍色　あいいろ　55
藍白　あいじろ　73
葵色　あおいいろ　39
葵緑　あおいみどり　38
青草　あおくさ　45
青朽葉　あおくちば　43
青香　あおこう　74
青苔　あおごけ　42
青竹色　あおたけいろ　45
青竹鼠　あおだけねず　45
青紅葉(かさね)　あおもみじ　88
青柳　あおやぎ　18
赤　あか　108
赤梅　あかうめ　12
赤朽葉　あかくちば　85
茜色　あかねいろ　80
赤紅　あかべに　114
浅緑　あさきみどり　39
浅葱色　あさぎいろ　48
浅葱鼠　あさぎねず　49
紫陽花青　あじさいあお　46
小豆色　あずきいろ　110
小豆茶　あずきちゃ　111
小豆鼠　あずきねず　110
洗柿　あらいがき　87
退紅　あらそめ　27
燻銀　いぶしぎん　100
色々(かさね)　いろいろ　33
色々五(かさね)　いろいろいつつ　61

う え お

鶯色　うぐいすいろ　11
鬱金　うこん　95
薄藍　うすあい　27
浅青朽葉　うすあおくちば　43
薄浅葱　うすあさぎ　48
薄梅鼠　うすうめねず　8
淡黄蘗　うすきはだ　74
薄衣菖蒲(かさね)　うすぎぬしょうぶ　61
淡朽葉　うすくちば　85
薄黒　うすぐろ　106
薄紅梅　うすこうばい　12
薄桜　うすざくら　20
薄墨色　うすずみいろ　101
薄卵色　うすたまごいろ　115
淡紅赤　うすべにあか　26
淡萌黄(かさね)　うすもえぎ　89
薄紫　うすむらさき　57
薄柳　うすやなぎ　19
移菊(かさね)　うつろいぎく　116
卯花(かさね)　うのはな　61
卯の花色　うのはないろ　40
梅重　うめがさね　13
梅重(かさね)　うめがさね　117
梅染　うめぞめ　12
梅染(かさね)　うめぞめ　117
梅鼠　うめねず　9
梅の衣(かさね)　うめのきぬ　117
梅紫　うめむらさき　8
裏菊(かさね)　うらぎく　116
裏濃蘇芳(かさね)　うらこきすおう　89
裏陪紅梅(かさね)　うらまさりこうばい　15・32
裏柳　うらやなぎ　19
裏山吹(かさね)　うらやまぶき　33
海老赤　えびあか　71
蒲萄色　えびいろ　23
蒲萄色　えびいろ　70
海老色　えびいろ　71
葡萄の衣(かさね)　えびぞめのきぬ　32
楝色　おうちいろ　46
翁茶　おきなちゃ　65
落栗色　おちぐりいろ　82
尾花色　おばないろ　64
女郎花　おみなえし　79
女郎花(かさね)　おみなえし　88
織葡萄　おりえび　22

か

海緑色　かいりょくしょく　53
楓紅葉(かさね)　かえでもみじ　88
楓紅葉(蝦手紅葉)（かさね）　かえでもみじ　88
柿色　かきいろ　86
柿兼房色　かきけんぽういろ　86
柿渋色　かきしぶいろ　86
柿茶　かきちゃ　87
杜若色　かきつばたいろ　51
杜若(かさね)　かきつばた　60
霞色　かすみいろ　24
陰萌黄　かげもえぎ　11
樺色　かばいろ　58
樺桜　かばざくら　20
樺桜(かさね)　かばざくら　32・116
樺茶　かばちゃ　58
瓶覗　かめのぞき　49
茅色　かやいろ　65
火裏紅　かりこう　59
刈安色　かりやすいろ　104
枯色　かれいろ　113
枯色重色(かさね)　かれいろ　112
枯草色　かれくさいろ　112
枯野　かれの　112
枯野重色(かさね)　かれの　113
土器色　かわらけいろ　64
萱草色　かんぞういろ　41

き く

黄菊(か)（かさね）　きぎく　116
桔梗色　ききょういろ　78
桔梗納戸　ききょうなんど　79
黄朽葉　きくちば　85
菊の御衣八(かさね)　きくのおんぞやつ　89
狐色　きつねいろ　107
黄鼠　きねず　29
黄櫨紅葉(かさね)　きはじもみじ　89
黄蘗色　きはだいろ　104
黄紅葉(かさね)　きもみじ　89
京緋色　きょうひいろ　67
魚肚白　ぎょとはく　72
銀色　ぎんいろ　100
銀灰色　ぎんかいしょく　100
銀朱　ぎんしゅ　109
銀煤竹　ぎんすすたけ　24
銀白色　ぎんはくしょく　100
孔雀緑　くじゃくりょく　97
支子色　くちなしいろ　26
朽葉色　くちばいろ　85
雲居鼠　くもいねず　72
栗色　くりいろ　83
栗梅　くりうめ　83
栗梅茶　くりうめちゃ　83
栗鼠色　くりねずみいろ　83
胡桃色　くるみいろ　68
紅　くれない　55
紅躑躅(かさね)　くれないつつじ　60
紅匂の衣(かさね)　くれないにおいのきぬ　15・117
紅の薄様(かさね)　くれないのうすよう　89・117
紅の匂(かさね)　くれないのにおい　89
紅紅葉(かさね)　くれないもみじ　89
黒　くろ　106
黒鼠　くろねず　106

け こ

月白　げっぱく　72
濃柿　こいがき　87
濃朽葉　こいくちば　85
濃紅葉　こいもみじ　84
香色　こういろ　113
紅梅重(かさね)　こうばいがさね　32
紅梅色　こうばいいろ　12
紅梅匂(かさね)　こうばいにおい　32
紅梅の匂(かさね)　こうばいのにおい　32・89
木枯茶　こがらしちゃ　113
苔色　こけいろ　42
近衛柿　このえがき　93
小紫　こむらさき　56
紺碧　こんぺき　37

さ し

桜色　さくらいろ　20
桜重(かさね)　さくらがさね　32
桜鼠　さくらねず　20
桜萌黄(かさね)　さくらもえぎ　32
柘榴色　ざくろいろ　69
鮭色　さけいろ　103
咱夫藍色　さふらんいろ　66
晒柿　されがき　92
紫苑色　しおんいろ　41・77
忍摺　しのぶずり　53
洒落柿　しゃれがき　87
朱色　しゅいろ　108
菖蒲(かさね)　しょうぶ　61
菖蒲色　しょうぶいろ　51
白梅色　しらうめいろ　8
白梅鼠　しらうめねず　9
白菊(かさね)　しらぎく　116
白茶　しらちゃ　25
白百合色　しらゆりいろ　40
白薄様(かさね)　しろうすよう　117
白藍色　しろきあいいろ　72
白撫子(かさね)　しろなでしこ　61
真紅　しんく　94
甚三紅　じんざもみ　115
真珠色　しんじゅいろ　72

す せ そ

翠色　すいしょく　96
蘇芳色　すおういろ　114
蘇芳の匂(かさね)　すおうのにおい　89
煤色　すすいろ　102
芒(薄)（かさね）　すすき　88
煤竹色　すすたけいろ　102
石竹色　せきちくいろ　47
窃黄　せっこう　26
雪色　せっしょく　100
千歳緑　せんざいみどり　99

■編集後記

2013年春、国際交流基金により、パリ、ローマ、ロンドンで「和の色」の講演をすることになり、色名について再度調べ始めました。本書はそれがベースになっています。色名について原稿を書いているはずが、季節というキーワードでどんどん深みにはまってしまいました。色名は自然や季節が、どんなに愛されてきたかを語ってくれます。それ以外にも季節を表す言葉は数多くあります。春隣は冬の季語、山笑は春の季語。始めて知ったのはどちらも日本酒の銘柄としてでしたが(笑)。
いい言葉です。　　　　（早坂優子）

色名や季語、歳時記を調べながら、その由来や命名の仕方に感心したり驚いたりしているうちに、四季の折々に触れながら暮らす日々のありきたりの事柄やありふれた言葉が、しみじみと染み込んできました。色や言葉を通して、日々とのたわむれ方を少し教えてもらった気がします。

（編集部　坂井聡一郎）


古来より伝わる日本の文化や年中行事を改めて辿ってみると、先人たちの知恵や工夫、粋な遊び心など多彩な要素に触れることができ、現代の私たちの生活も一層豊かに色めくような気がしました。

この度は挿絵という形でこの本の制作に携わらせて頂き光栄です。お世話になりました出版社の皆様に心よりお礼を申し上げます。

（イラスト　多田しの）

撮影／
坂井聡一郎
イラスト／
多田しの

和の色のものがたり　季節と暮らす365色

発　行　平成26年（2014）７月31日　第１版
　　　　平成27年（2015）４月10日　第４刷
著　者　早坂優子
編集人　早坂優子
発行人　内田広由紀
発行所　株式会社視覚デザイン研究所

〒101-0051
東京都千代田区神田神保町1-22 北信ビル4F
TEL 03-5280-1067（代）FAX 03-5280-1069

振替／00120-0-39478
印　刷　光村印刷株式会社
製　本　株式会社難波製本
協　力　willsnow-dfl
スタッフ　池上薫　上田由紀　國末拓史
　　　　佐伯智子　曽我隆一

ISBN978-4-88108-241-6 C2370

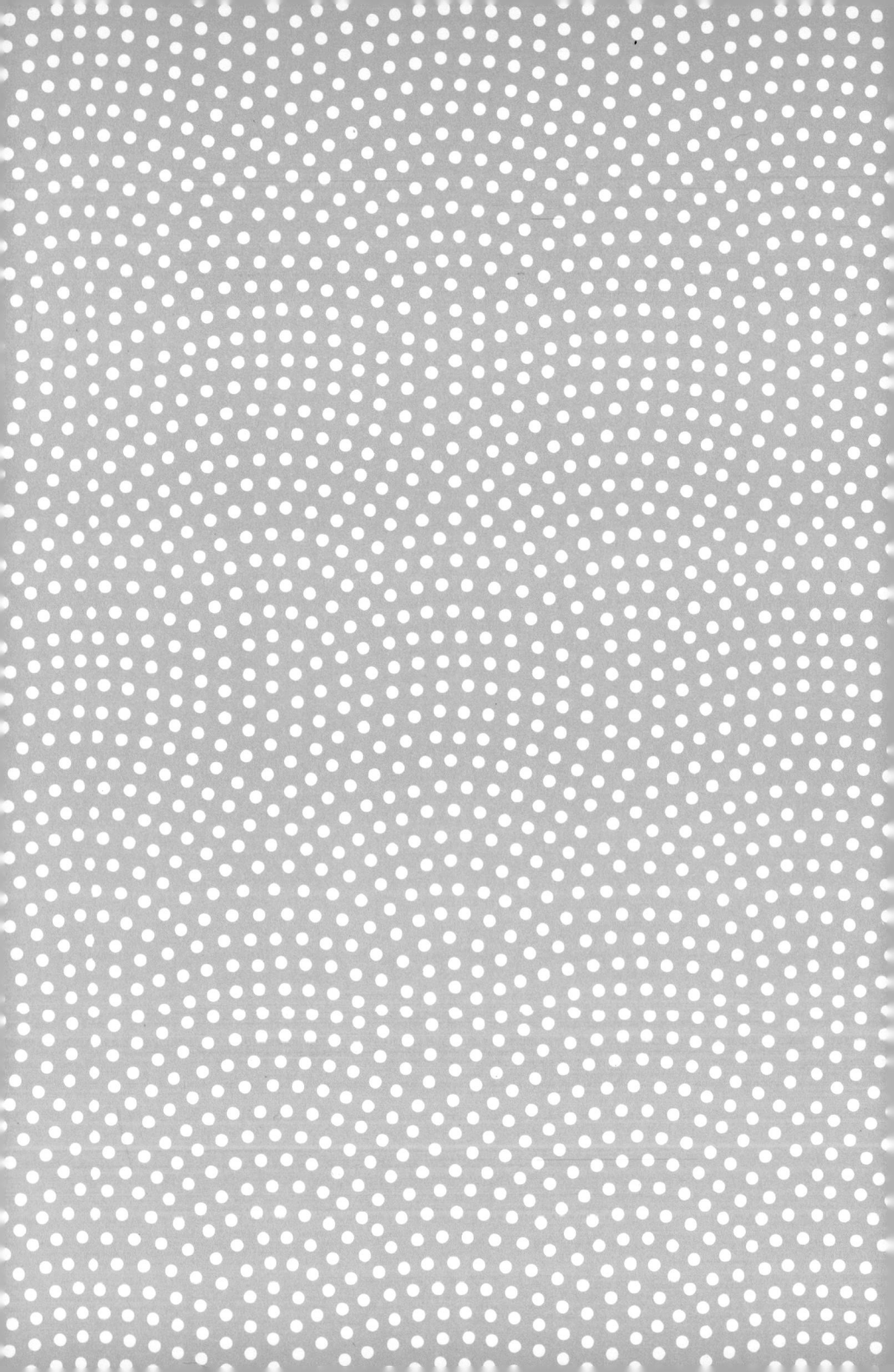